封闭厂区充电桩车桩联动
电能替代及节能方法

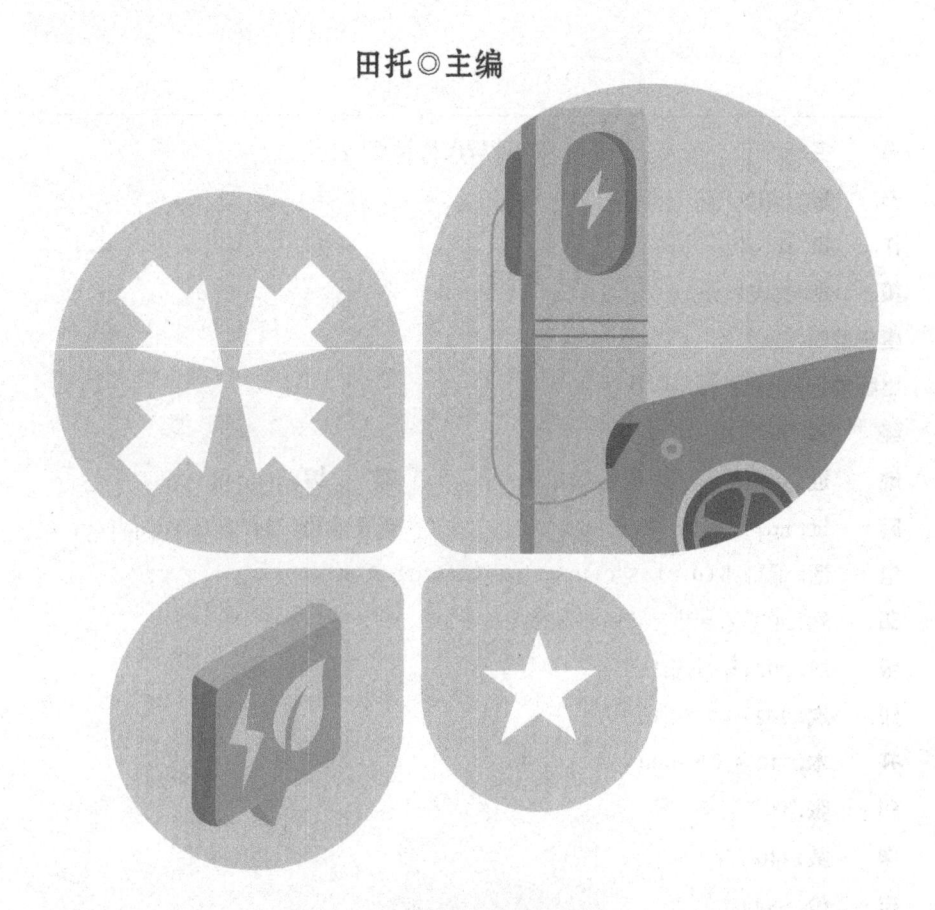

田托◎主编

企业管理出版社

图书在版编目（CIP）数据

封闭厂区充电桩车桩联动电能替代及节能方法 / 田托主编. -- 北京：企业管理出版社，2024.9. -- ISBN 978-7-5164-3118-4

Ⅰ.U469.72

中国国家版本馆CIP数据核字第20245TZ612号

书　　名	封闭厂区充电桩车桩联动电能替代及节能方法
书　　号	ISBN 978-7-5164-3118-4
作　　者	田　托
策　　划	寇俊玲
责任编辑	寇俊玲
出版发行	企业管理出版社
经　　销	新华书店
地　　址	北京市海淀区紫竹院南路17号　　邮　编：100048
网　　址	www.emph.cn　　电子信箱：1142937578@qq.com
电　　话	编辑部（010）68701408　　发行部（010）68701816
印　　刷	北京亿友数字印刷有限公司
版　　次	2024年9月第1版
印　　次	2024年9月第1次印刷
开　　本	710毫米×1000毫米　　1/16
印　　张	11印张
字　　数	140千字
定　　价	68.00元

版权所有　翻印必究　·　印装有误　负责调换

前　言

本书从车桩融合的角度入手，给出生态驾驶一种可行的、有切实提升的实现方式。主要的研究内容包括以下几个方面：

（1）封闭厂区车桩联动节能实验平台构建。首先通过智能手机采集车载系统本身收集的数据；其次给出通过导航和激光点云获取车辆运动数据的方法；最后给出了视频识别车辆与行人共存系统的方法，使行人对道路交通的影响可以被量化。

（2）微观驾驶条件下电动汽车节能方法。首先设计实车实验采集数据，并对实验数据进行预处理。其次采用不同的属性选择算法对属性进行排序。再次对各个属性与生态驾驶级别进行相关性分析。最后对SVM算法进行参数优化。

（3）"车桩融合"条件下充电桩电量预测及节能路径规划方法。通过LSTM神经网络和时间序列相结合的方式给出充电桩负荷预测的方法。

（4）封闭厂区充电桩车桩联动电能替代及节能系统设计与实现。开发了"生态驾驶行为辨识及路径规划系统"软件，并对总体设计以及设计目标、设计原则等进行了详细地阐述。

本书的创新之处有：

（1）从整体的结构上来讲，构建了生态驾驶从原理到理论、从理论到方法、从方法到落地的生态驾驶全链条。

（2）从生态驾驶要素的覆盖面来讲，融入了行人与车辆的交互。

（3）从方法论的角度来讲，人工智能的应用贯穿了整个研究过程。

全书由国家电网浙江省电力有限公司舟山供电公司田托担任主编，国家电网浙江省电力有限公司舟山供电公司金武杰、李乘风、阮哲欣等对书中部分数据进行了收集和整理。国家电网浙江省电力有限公司岱山县供电公司仇莹莹、崔立卿，国家电网浙江省电力有限公司舟山供电公司李晓晓对本书的编写提出了宝贵的意见，在此表示衷心的感谢。

本书的出版得到了国家电网舟山供电公司2023年数字化牵引的新型电力系统业务培训资源开发项目的资助，在此一并表示感谢。

鉴于作者水平有限，书中难免存在疏漏之处，敬请各位同行专家学者批评指正，以便该书能够不断完善。

田 托

2024年5月

目 录
CONTENTS

1 研究背景与意义 / 001

1.1 研究背景及问题 / 002

1.2 研究意义 / 009

1.3 国内外研究现状 / 011

2 基础理论与方法 / 027

2.1 引言 / 028

2.2 生态驾驶的定义 / 028

2.3 燃油和电驱动方式的碳排放测算 / 029

2.4 电动汽车生态驾驶的影响因素分析 / 032

2.5 本书所采用的算法简述 / 045

3 封闭厂区车桩联动节能实验平台构建 / 049

3.1 引言 / 050

3.2 基于智能手机的车辆运动数据采集系统 / 050

3.3 基于导航和激光系统融合的交通信息采集系统 / 059

3.4 基于视觉的交通信息采集系统 / 073

4 微观驾驶条件下电动汽车节能辨识方法 / 090

4.1 引言 / 091

4.2 实验设计 / 091

4.3 生态驾驶类别分类属性因子特征分析 / 100

4.4 基于贝叶斯优化参数的M-SVM生态驾驶辨识方法 / 104

5 "车桩融合"条件下充电桩电量预测及节能路径规划方法 / 109

5.1 充电站负荷特性分析 / 110

5.2 数据预处理 / 114

5.3 基于LSTM神经网络的充电站负荷预测 / 117

6 封闭厂区车桩联动电能替代及节能系统设计与实现 / 124

6.1 引言 / 125

6.2 系统框架 / 125

6.3 系统设计方案 / 127

6.4 系统实现与测试 / 139

7 结论与展望 / 155

7.1 主要内容 / 156

7.2 未来展望 / 158

参考文献 / 159

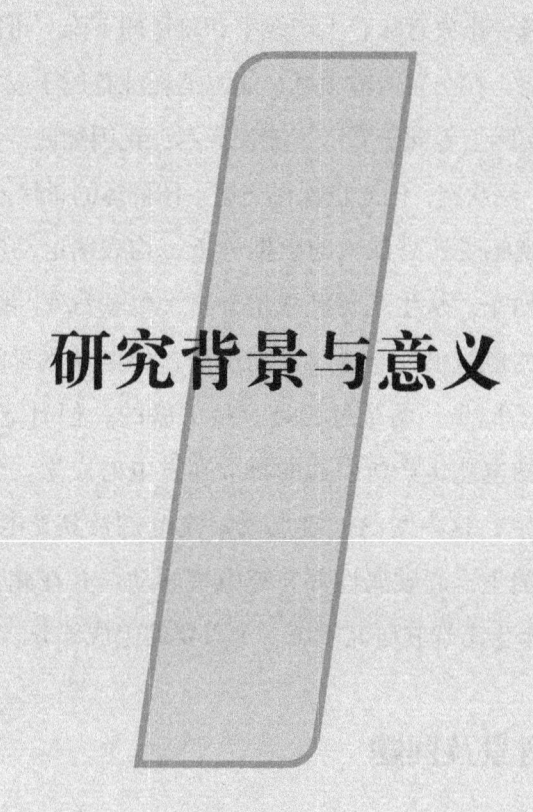

研究背景与意义

开展生态驾驶的相关研究，无论是对全球生态环境的保护，还是对车辆使用者本身的节能，都具备十分重要的意义。尽管在某些情境下，如工矿企业的减排措施，环保政策或倡议可能与直接利益方的诉求存在冲突，但生态驾驶巧妙地融合了社会利益与个体利益。减少二氧化碳及其他废气的排放对于整个生态保护的重要性显而易见，但对于通常的生产过程而言，减少排放意味着生产效率和总量的下降，可能涉及经济利益的损失。然而，在交通运输领域，能源消耗纯粹属于成本性支出，因此，减少排放实际上等同于降低了能耗成本。正因如此，生态驾驶不仅受到了社会的广泛欢迎，同时也深得交通主体群体的青睐。

无论是直观感受还是深入的数据分析，均表明电动汽车的生态驾驶属性优于燃油车。从生态驾驶视角分析，电动汽车与燃油车的区别在于，燃油车的能量消耗与排放是同步的，但电动汽车的排放过程与能量消耗过程不同步，两个过程是直接关联的，但时空上是错位的，电动汽车驱动的电能生产所引起的排放在发电时发生，而能量的消耗在驾驶期间发生，这中间的连接点就是充电桩及其充电过程。因此，研究电动汽车的生态驾驶属性并与充电桩联动，并在此基础上优化路径规划，是整个生态驾驶研究领域一个重要的组成部分。

1.1 研究背景及问题

1.1.1 研究背景

1. 交通活动对全球环境的影响

政府间气候变化专门委员会（Intergovernmental Panel on Climate Change，IPCC）于2023年发布的第六次评估报告（AR6）《综合报告》中阐述，从1850—1900年到2010—2019年，由人类活动引起的全球地表温度升高的可能范围为0.8~1.3℃，最佳估计为1.07℃。在此期间，混合均匀的温室气体（GHG）可能导致了1.0~2.0℃的升温，其他人为因素（主要是气溶胶）可能导致了0~0.8℃的降温，自然因素使全球地表温度变化为 −0.1~0.1℃，内部变异使全球地表温度变化为 −0.2~0.2℃。2023年的第六次评估报告（AR6）中阐述，能源、工业和陆地交通的化石燃料燃烧是100年时间尺度上最大的贡献领域。当前来自东亚和北美的 CO_2、N_2O 和短周期气候强迫物（Short-Lived Climate Forcers，SLCF），包括二氧化氮、一氧化碳、烷烃、短链有机化合物和臭氧等）的排放是短期和长期（分别为10年和100年）额外净升温的最大区域贡献者。

同时，来自联合国的数据表明，交通排放是全球最大的空气和碳污染排放贡献者之一，占总油耗约64%和所有能源的27%。全球超过10亿人仍缺乏合适的全天候道路，特别是在发展中国家和特殊情况的国家。在非洲，4.5亿人口中的超过70%的农村人口仍未连接到交通基础设施和系统。而道路交通伤害是15~29岁年轻人死亡的主要原因。

2. 交通对我国环境的影响及应对政策

根据《中国移动源环境管理年报（2022年）》数据，2021年，我国机动车保有量达3.95亿辆，同比增长6.2%，其中，新能源汽车保有量达784万辆。我国机动车四项污染物排放量为1557.7万吨。其中，一氧化碳（CO）、碳氢化合物（H_xC）、氮氧化物（NO_x）、颗粒物（PM）排放量分别为768.3万吨、200.4万吨、582.1万吨、6.9万吨。汽车是机动车污染物排放总量主要贡献者，排放的CO、H_xC、NO_x 和PM超过90%。柴油车 NO_x 排放量超过汽车总排放量的80%，PM超过90%；汽油车CO超过了汽车排放总量的80%，H_xC 超过了70%。

2021年9月，交通运输部、国家铁路局、中国民用航空局、国家邮政局四部门出台贯彻落实《中共中央　国务院关于完整准确全面贯彻新发展理念　做好碳达峰碳中和工作的意见》（以下简称《意见》），该《意见》为加快推进交通运输绿色低碳转型，切实做好碳达峰碳中和交通运输工作明确方向。系列政策的出台预示着交通行业的发展逐步向绿色化迈进已是大势所趋，绿色的、节能的交通方式也成了当前探索的热点。

3. 生态交通对环境保护的作用

韩志勇等认为，生态交通是生态环境、区域经济、社会和谐发展等内容的有机结合，是一个多层次、多目标的生态型复合交通系统。马世骏和王松如认为生态交通是一个复合生态系统，指出为了解决交通堵塞、环境污染等城市交通问题，交通系统应该向生态交通方向发展。项贻强等对生态交通理念进行了剖析，指出生态交通强调的是"生态学""绿色"和"可持续性"，生态交通规划设计的核心理念是"自然为本"，在确保生态系统完整的前提下，对交通系统进行统一、整体性的评估、规划、建设和管理，从而达到交通与环境、交通与资源等各方面的协调。张亚平、左玉辉和李晓燕、陈红的观念比较接近，认为城市生态交通是一种高效、和谐、可持续发展的交通，其目标是促进交通的通达、降低环境污染、合理高效地利用资源，满足社会、经济和城市环境发展的要求。王云玲和丁卫东认为生态交通是一种生态型复合的交通系统，强调的是传统交通概念向生态化理念的转变，是生态学理论在交通系统规划设计中的应用，生态交通应该与生态城市融为一体，两者协调发展、和谐共生。王汉新认为生态交通以人流和物流为核心，是人类生态和经济生态的融合。

总体而言，生态交通对环境的作用主要在于减缓全球气候变化、改善空气质量、提高能源安全、减轻交通拥堵和提高道路安全等方面。其中减少拥堵和提高道路安全与其他直接的环境效益有一定的互动关系。生态交通倡导低碳、零排放的交通方式，如步行、公共交通、自行车和电动汽车等。这有助于减少交通运输环节的温室气体排放，从而减缓全球气候变暖。减少私家车使用成为生态交通重要一环，可以有效地降低空气污染物排放，改善城乡空气质量。生态交通提倡使用清洁能源的交通方式，包括电动汽车等，不但减少了燃油带来的空气污染，且对我国降低石油进口有着较为重要的意义，直接提升了国家能源安全水平，这一点本书有独立章节阐述。生态交通同时优化交通组织和管理，提高道路通行能力，减轻交通拥堵。生态交通强调道路交通安全，通过提高道路设施和规范，降低事故风险，这一点本书也有独立章节阐述。

4. 驾驶对环境保护的作用

生态驾驶作为生态交通的重要一环，在环境保护方面有着不可替代的作用。相关研究表明生态驾驶无需改变车辆结构便可以减少30%左右的燃油消耗，降低20%~30%的污染物排放，因此，生态驾驶行为的研究对于节约能耗、减少排放具有重要意义。生态驾驶行为已在众多发达国家推广实施，并取得显著的节能减排效益。其特征主要集中于缓慢加速、保持2000~2500r/min经济转速、保持车速稳定、平稳减速、避免发动机空转、合理使用空调、检查胎压等方面，采用这些生态驾驶操作能够减少耗油量20%左右，表现优异者甚至可达40%。此外，随着以车载智能终端、云计算平台、车路协同等关键技术为载体的智慧城市的快速发展，我国也逐渐加大了对于交通排放的监管力度，作为一种有效的节能减排手段，生态驾驶方面的研究也逐渐被我国学者所重视，这也为揭示生态驾驶行为与能耗排放间的高度非线性关系提供了可能。

1.1.2 研究问题

前文阐述了生态驾驶对环境保护的多方面意义，但从现状来看，整体仍处于研究和探索阶段，有着较为丰富的理论研究成果，但具体到法律法规和国家标准，更多的是关于燃油车辆的排放规定，比如我国的排放标准（China National Emission Standards），以及欧洲的排放标准（Euro Emission Standards）、美国的企业平均燃油经济性（CAFE）。针对生态驾驶的法律法规，甚至通用做法并未形成。一些车企推出的燃油车智能启停系统（Start-Stop System）和电动汽车动能回收系统（Kinetic Energy Recovery System，KERS）在消费端的评价褒贬不一，而作为反向案例的"排放门"事件，在消费端并未掀起多大波澜。从某种角度讲，对于消费者，生态驾驶的内驱力并不像安全性（可靠性）、经济性、舒适性那样受到关注，而且对于如何做到生态驾驶也处于茫然的状态。因此，系统性地研究生态驾驶特别是电动汽车生态驾驶的影响因素，实现车桩联动的生态驾驶导航，是一项有意义的工作。本书基于笔者在读博士阶段的研究成果，深入研究生态驾驶方面需要改进的方向。

1. 生态驾驶的减排效应需要一套可量化、接受度高的标准

Reed.Doucete 等在 2011 年利用 Oxford VEhicle Model（OVEM）（Doucette,2010;Doucette and McCulloch,2011）仿真模型比较了内燃机汽车（ICE）和电动汽车（BEV）的碳排放。国内外的学者也基于该方法或者创新思路开展燃油车和电动汽车的碳排放研究。聚焦于燃油车的生态驾驶策略，徐少兵等通过伪谱最优控制方法定量化地研究 CVT 型车辆的经济性加速策略。而对于电动汽车，相对匹配生态驾驶的研究是纪少波等于 2022 年完成的纯电动共享汽车驾驶行为对能耗的影响研究，该团队将车辆运行数据分为起步、停车和运行 3 个阶段，通过适用于高维大数据相关性分析的最大信息系数（MIC）算法计算了 25 个特征参数间的相关关系，研究了驾驶行为对能耗的影响规律，明确了不同车辆使用阶段对总能耗和百公里能耗有显著影响的特征参数。但目前暂未有已公开的，将燃油车和电动汽车的生态驾驶碳排放直接对比的研究。为了研究生态驾驶的减碳效益，相关的量化标准是必需的，且贯穿于生态驾驶的全环节。从广义的生态驾驶角度，用电动汽车代替燃油车也是生态驾驶的一种形式，这类的生态驾驶减排效应虽然与充电时发电所用一次能源相关，但动态变化不应该是拒绝对比电动汽车和燃油车排放的理由。在本书的第2章，会阐述这方面的工作及取得的成果。电动汽车生态驾驶的构成逻辑应该是影响生态驾驶的原理性因素、体现在车辆和驾驶员的状态及其感知方式、与充电桩的联动方式及对应的路径规划方法。

2. 车辆交通行为本身的生态化及AI介入的实用化

这里的车辆交通行为指车辆从起点到目的地的过程，这一过程的导航服务与算法深度绑定，AI的深度融合也已有相当程度的积淀。无论是效率优先的导航策略还是节能优先的导航策略，有非常多的学者从事过或者正在从事相关的研究，其成果也体现在高德、百度和腾讯等主流导航中。在本书中需要完成的就是采用一种具有实用性的算法，将融合车辆与设施（这里以充电桩作为典型代表）互动关系的路径导航落地到具体的场景中（浙江省舟山市）。

3. 驾驶行为的生态化

在确定了交通的形式即车辆交通后，首要引入的要素就是驾驶员，无论是人类驾驶、人类+AI驾驶还是纯AI驾驶，驾驶员是交通过程除车辆外的第一要素。受限于驾驶员个体操作习惯的差异性以及复杂交通系统的不确定性等方面原因，如何形成一套具备普适性的生态驾驶规范在短期内还无法解决，生态驾驶众性图谱的刻画将是未来一段时间内亟须攻克的难题。不同的交通场景中产生的生态驾驶行为会呈现部分差异，不同交通场景的节能潜力也存在较大的差异性，针对节能潜力较高的交通场景，通过规范驾驶员的驾驶行为可显著降低能耗。因此，如何实现交通场景生态潜力的量化分级并建立不同生态潜力级别的场景库将是当前应解决的首要问题。同时，由于驾驶员间存在个性差异，其操作习惯、驾驶应激性也会出现较大的差异，其节能潜力与矫正方式也具有较强的针对性。因此，在节能潜力较高的交通场景下，考虑驾驶员个性差异的生态驾驶行为解析与谱系构建方法是当前亟须解决的另一关键问题。此外，如果能够根据所构建的标准生态驾驶行为谱系对驾驶行为进行规范，即要求驾驶员与系统协同完成生态驾驶行为决策，可以极大地降低能源消耗、减少尾气排放，推动泛在网联环境下的生态驾驶发展。

4. 车辆与设施互动的生态化

从起点到终点的交通过程，不是直接连接的线段，而是以道路及其附属设施集合体的形式存在的通路。随着智能网联汽车技术的快速发展，车辆的智能化和网联化逐渐成为汽车发展的趋势，车辆与道路设施的良好互动，对生态驾驶具有积极的推动作用。然而，一方面智能网联汽车在未来一段时间内不能完全实现自主驾驶，人机共驾阶段将长期存在，驾驶员依然会驾驶车辆，正确认识驾驶员在智能网联环境下的驾驶行为特征，制定让驾驶员具有较好执行度的生态驾驶行为决策，有助于生态驾驶推广应用；另一方面车辆是生态驾驶行为体现的载体，相同的驾驶行为在面对不同车辆时能够取得的驾驶效果不同，准确理解智能网联环境下车辆驾驶行为约束，制定符合车辆结构特性与参数的生态驾驶行为决策，是生态驾驶效果的保障。由于国情的不同，国外学者较少涉及道路监控与车载监控协同的研究，在国内由于政府服务职能的定位，能够更好地实现数据互通和决策互动。这一方面的研究有较大的探索空间。

5. 车辆与其他交通参与者互动的生态化

在论述车辆与其他交通参与者生态化互动之前，首先应该确保的是交通过程的安全性，但这一方面的现状并未使人乐观。比如某品牌的电动汽车智能化程度较高，也通过单踏板驾驶系统（One Pedal

Driving）等实现了生态驾驶，但其追求节能减排达到更高续航且控制成本的过程中，AI 的软硬件策略是否存在问题是一个值得商榷的点。根据目前公开的信息，因事故暴露出的问题可能包括以下几点：一是该品牌的自动驾驶系统依赖于摄像头、雷达和超声波传感器等设备来感知周围环境。然而，在某些情况下，这些传感器可能无法准确识别周围的物体，导致系统误判。二是随着该品牌电动汽车的普及，其自动驾驶系统在全球范围内的使用也越来越广泛。这意味着自动驾驶系统需要在各种不同的道路和交通条件下运行，增加了出现问题的可能性。也就是适应性的问题。三是虽然该品牌的自动驾驶系统在很多方面都取得了显著的进步，但驾驶员仍需保持警惕并随时准备接管车辆。然而，在一些事故中，驾驶员可能过于依赖自动驾驶功能，导致对周围环境的关注度下降，从而增加事故发生的风险。所以，需要 AI 的辅助来协助车辆与其他交通参与者，特别是行人保持安全互动，（在极端情况下，没有空间和时间上的互动是最理想的情况），并在安全互动的情况下实现生态驾驶。

1.2 研究意义

2015 年 12 月 12 日，巴黎气候变化大会通过了一份人类应对气候变化的标志性文件——《巴黎协定》，其核心目标是将全球气温上升控制在远低于工业革命前水平的 2℃ 以内，并努力控制在 1.5℃ 以内，而减少 CO_2 排放是缓解温室效应的主要方法。中共中央、国务院《关于完整准确全面贯彻新发展理念做好碳达峰碳中和工作的意见》中明确，单位国内生产总值能耗比 2020 年下降 13.5%；单位国内生产总值二氧化碳排放比 2020 年下降 18%；非化石能源消费比重达到 20% 左右。但是，政策层面的减排战略落地到具体的消费端仍需要创造条件。如同多卖面饼的最好方法是把烤鸭做得更好吃，提升生态驾驶消费端接受度的最好方法是通过人工智能"无感式"实现车辆节能，并同时提升安全性（可靠性）、经济性、舒适性。本书所关注的研究意义侧重于如何构建完整的生态驾驶落地链条。

（1）"无感式"提升了生态驾驶推广性。相比政策制定者从宏观角度对节能减排的重视，消费者个体对生态驾驶的热情并没有那么高，可以用一个实例简单说明：一种车—网协同的电动汽车环境友好型充电策略，算法优化带来的能耗下降为7.05%。对于浙江省小型城市舟山市来说，所有电动汽车均使用该算法，每年可节约电量84.51万千瓦时，减排CO_2 507.9~567.1吨。可是对于一个每年用车2万千米且充电均采用舟山公共充电桩（费用为家用桩的4倍），其节约的电费约为20000（千米）×0.15（千瓦时/千米）×1.2（元/千瓦时）×7.05%=270（元），很难有主动性去下载一个APP。但如果该算法融入车机导航程序，或者高德、腾讯及百度等主流导航，无感式实现生态路径规划，则减排的目的自然实现。

（2）让生态驾驶在自动驾驶的浪潮中乘势而上。在本书的研究中，燃油车和电动汽车生态驾驶的差异分析契合"车—能"协同；车联网应用契合"车—路"协同；充电桩电量预测和生态导航契合"能—路"协同；与其他交通参与者的协同契合"路—云"协同；驾驶行为则是人与"车—能—路—云"融合发展；综合导航是生态驾驶的最终落地。

（3）给未来的无人驾驶提供另一种思考方式。20世纪30年代到80年代的美国，2.5万多辆电动汽车缓慢经过城镇和村庄，这种电动汽车两侧开放，便于接触瓶架。2018年《经济学人》杂志指出：里程短和最高速度较低对送奶无关紧要，而近乎无声的行驶意味着顾客可以睡个好觉。这个理念侧重于自动驾驶，但依托人工智能实现生态驾驶，也可以实现"顾客睡个好觉的同时完成节能减排"。在本书的第3章中也有类似"健康码"的理念传递，通过车辆摄像头与道旁监控的数据互通和逻辑判断，实现对道路其他参与者当前状态和预期状态更好的判断，特别是对道路行人更准确地判断，避免因错判或者漏判造成的过度刹车（反向生态驾驶）、未及时刹车（安全风险）。该方案能成立的依据以及在国外没有成熟应用的重要原因也与健康码类似，在我国，政府的作用发挥更主动、覆盖面更广，个人与政府之间数据的交换也更频繁和深入。与此同时，5G的大规模成熟应用也为高清视频级别的数据传输打下了基础。本书所研究的四方面内容与前文所提五大问题对应，也希望能为后续的研究者带来参考价值。

1.3 国内外研究现状

通过对354篇国内外生态驾驶相关研究文献作量化分析并绘制知识图谱，提取国内外文献中与生态驾驶的人工智能应用相关内容，为本书的研究提供重要参考。

1.3.1 研究现状的量化分析与知识图谱

1. 数据来源及分析工具

（1）数据来源

数据来源为Web of Science（WOS）核心数据库，检索并分析自21世纪以来（截至2022年）生态驾驶研究方向的期刊文献。检索关键词为"Eco-driving"，为避免逻辑边界的混乱，近似的"energy-saving driving""Environment-friendly driving"不纳入统计分析，范围限定为"vehicle"或"electric vehicle"。时间覆盖2000—2022年。

（2）分析工具

数据的分析和图表制作主要通过Python编程实现，通过知识图谱展示关键词之间规律,提供研究方向的参考。知识图谱由Google公司于2012年在搜索引擎页面上首次推出,该公司的官方文档《关于知识图谱的介绍》定义:知识图谱是一种基于语义Web的技术,可以将万维网上的信息从无结构转化为有结构的形式,帮助计算机理解信息的含义,从而提供更精确的搜索结果。本书利用VOSviewer软件对Web of Science(WOS)中的eco-driving相关文献开展分析,并绘制关键词知识图谱。

2. 研究现状分析

(1) 刊发数量分析

基于燃油车生态驾驶技术与电动汽车生态驾驶存在较大的区别,在分析生态驾驶的刊文数量过程中,把检索关键词"vehicle"和"electric vehicle"分开统计,分别为381篇和88篇。虽然主体是"vehicle"的论文中可能也涉及电动汽车,但总体而言还是能分析出差异。主体是"vehicle"的文章类别(见图1-1)除Article、Review、Correction这三类,在2009年和2010年有2篇Editorial Material,一定程度说明当时学术界希望对eco-driving有更多的讨论。主体是"electric vehicle"(见图1-2)的论文类别除Article、Review、Correction这三类,在2020年和2021年有2篇preprint,一定程度反映电动汽车的生态驾驶成了研究热点。两种类别文章在生态驾驶研究初期和近期出现,也是

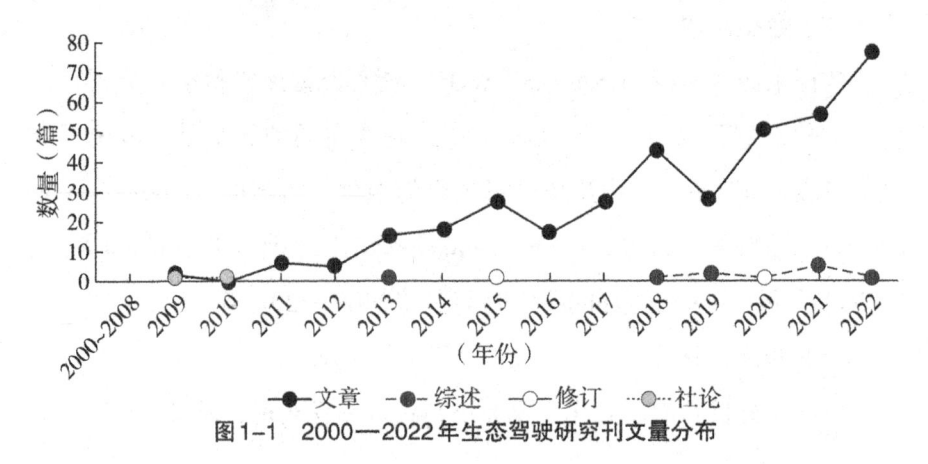

图1-1 2000—2022年生态驾驶研究刊文量分布

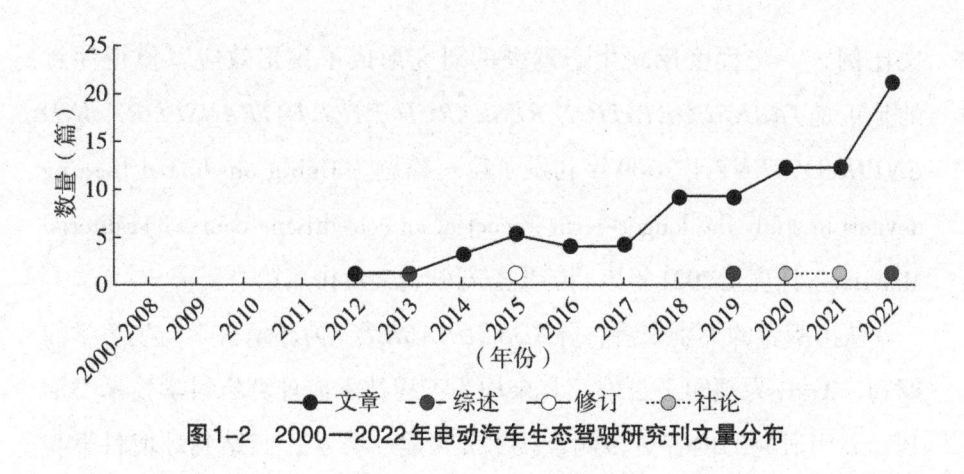

图1-2　2000—2022年电动汽车生态驾驶研究刊文量分布

研究发展的一种必然。

从年限上看,生态驾驶研究的相关文献出现于2009年,而电动汽车生态驾驶的研究出现于2012年,这与燃油车、电动汽车的发展情况相吻合。随着全球变暖和各国对环境保护的重视程度提升,国内外关于生态驾驶的研究不断涌现,整体呈不断上升的趋势,电动汽车生态驾驶的研究增长趋势更为明显。

（2）期刊分析

将生态驾驶和电动汽车生态驾驶的381篇和88篇文献按照来源分析,并按照刊发数量排序。统计结果表明,生态驾驶的文献来自104个出版者,电动汽车生态驾驶的文献来自44个出版者。表1-1列出了生态驾驶技术刊发量前10的出版者,表1-2列出了电动汽车生态驾驶技术刊发量前10的出版者（第8~第15刊文为2篇,均列出）。生态驾驶前10的出版者刊文198篇,占总量的51.9%,其中 *IEEE TRANSACTIONS ON INTELLIGENT TRANSPORTATION SYSTEMS* 是刊文量最多的期刊（46篇）；电动汽车生态驾驶前15的出版者刊文59篇,占总量的67.0%,其中 *APPLIED ENERGY* 是刊文量最多的期刊（9篇）。从分布的布局来看,前几位的期刊占到了绝大多数的发文比例，一定程度反映生态驾驶的研究形成了集聚效应，值得注意的是正是 TRANSPORTATION RESEARCH PART D-TRANSPORT AND ENVIRONMENT 于2009年刊发了第一篇题为 Using on-board logging devices to study the longer-term impact of an eco-driving course 的 Editorial Material，且直至2021年该刊的生态驾驶刊文量排名第一。

从出版者的类别来看，除 SUSTAINABILITY 为环境科学与生态学的期刊、Arxiv 为预印平台外，其余均为工程技术或计算机科学技术类期刊。表明研究的内容更多侧重技术和策略、方法，归结到环境科学与生态学的结果角度并不突出。从出版者的影响力来看，刊文的出版者以1区、2区居多，一定程度上反映生态驾驶及电动汽车的生态驾驶研究有较高的水平。

表1-1 生态驾驶技术刊发量前10的出版者

序号	来源名称	刊文数	期刊类别
1	IEEE TRANSACTIONS ON INTELLIGENT TRANSPORTATION SYSTEMS	46	工程技术1区top
2	TRANSPORTATION RESEARCH PART D-TRANSPORT AND ENVIRONMENT	36	工程技术2区
3	IET INTELLIGENT TRANSPORT SYSTEMS	21	工程技术4区
4	TRANSPORTATION RESEARCH PART C-EMERGING TECHNOLOGIES	20	工程技术1区top
5	IEEE TRANSACTIONS ON VEHICULAR TECHNOLOGY	19	计算机科学2区top
6	TRANSPORTATION RESEARCH RECORD	13	工程技术4区
7	APPLIED ENERGY	12	工程技术1区top
8	IEEE ACCESS	11	计算机科学3区
9	ENERGIES	10	工程技术4区
10	SUSTAINABILITY	10	环境科学与生态学3区

表1-2 电动汽车生态驾驶技术刊发量前15的出版者

序号	来源名称	刊文数	期刊类别
1	APPLIED ENERGY	9	工程技术1区top
2	TRANSPORTATION RESEARCH PART D-TRANSPORT AND ENVIRONMENT	8	工程技术2区
3	IEEE TRANSACTIONS ON INTELLIGENT TRANSPORTATION SYSTEMS	7	工程技术1区top
4	IET INTELLIGENT TRANSPORT SYSTEMS	7	工程技术4区
5	IEEE TRANSACTIONS ON VEHICULAR TECHNOLOGY	5	计算机科学2区top
6	TRANSPORTATION RESEARCH PART C-EMERGING TECHNOLOGIES	4	工程技术1区top
7	ENERGY	3	工程技术1区top
8	Arxiv	2	预印文献
9	CONTROL ENGINEERING PRACTICE	2	计算机科学2区
10	ELECTRONICS	2	工程技术3区
11	ENERGIES	2	工程技术4区
12	IEEE ACCESS	2	计算机科学3区
13	IEEE TRANSACTIONS ON INDUSTRIAL INFORMATICS	2	计算机科学1区top
14	IEEE TRANSACTIONS ON SYSTEMS MAN CYBERNETICS-SYSTEMS	2	计算机科学1区top
15	TRANSPORTATION RESEARCH RECORD	2	工程技术4区

（3）研究机构与学者分析

2022年，共有来自48个国家的学者在生态驾驶领域发表过文章，22个国家的学者在电动汽车生态驾驶领域发表过文章。表1-3和表1-4分别为截至不同年份各个国家参与生态驾驶（以及电动汽车生态驾驶）

论文工作的人数（取前10）。2021年，中国参与相关研究的学者数量仅次于美国，居第二位，而到了2022年，中国超过美国一跃成为研究人数最多的国家，这既与我国的研究发展水平相匹配，又受我国大力发展电动汽车产业，谋划"弯道超车"有关。有意思的是，在这两份表单里并没有日本，初步推断应与该国将氢能汽车作为重点研究方向有关。

表1-3 各国研究者参与生态驾驶论文人数

序号	国别	2020年	2021年	2022年
1	中国	59	82	128
2	美国	73	84	111
3	英国	24	36	46
4	法国	21	23	25
5	西班牙	14	17	17
6	德国	12	14	17
7	韩国	11	12	16
8	意大利	6	10	15
9	加拿大	10	10	14
10	瑞典	4	7	14

表1-4 各国研究者参与电动汽车生态驾驶论文人数

序号	国别	2020年	2021年	2022年
1	中国	12	22	34
2	美国	21	25	29
3	英国	4	9	14
4	法国	7	7	7
5	西班牙	4	5	6

续表

序号	国别	2020年	2021年	2022年
6	德国	2	4	6
7	韩国	3	3	4
8	意大利	2	3	4
9	加拿大	3	3	3
10	瑞典	0	2	3

（4）关键词分析

将生态驾驶研究的381篇论文标题和摘要导入VOSviewer软件，通过thesaurus_terms合并behaviour和behavior等同义词，并剔除如difference等通用词。电动汽车关键词electric vehicle包含于相关文献中，因此电动汽车生态驾驶文件不单独绘制知识图谱。

最终获得的生态驾驶研究关键词聚类，生态驾驶的研究主要有以下三个方向：

第一，驾驶行为方向，主要围绕生态驾驶、驾驶员、行为、燃料消耗、学习和数据展开。

第二，电动汽车生态驾驶，主要围绕生态驾驶、电动汽车和能源消耗展开。

第三，生态驾驶与自动驾驶的融合，主要围绕生态驾驶、控制、优化和通信展开。

可以说，关键词的聚类本身即可作为主词构成研究方向的一句话表达，通过演化趋势我们可以看到，生态驾驶从最初的燃油车驾驶行为拓展到电动汽车生态驾驶，又随着人工智能的发展演变到生态驾驶与自动驾驶的融合。

1.3.2 融入车桩协同的生态驾驶相关研究进展

上文量化分析了生态驾驶的国内外研究现状，为更好地支撑本书的研究工作，在前期文献学习的基础上，研究进展的分析将聚焦于车桩协同的生态驾驶，且与前文提出的5个问题及对应的文章5个主体章节紧密关联。

1. 以电代油生态效应研究现状

影响燃油车能耗的因素众多，如速度、制动、换挡及大量的底层参数（国家、驾驶员、道路类型、速度限制和基础设施等），主要分为车辆结构特征、道路交通状况、驾驶操作等方面。

车辆结构特征包括发动机、轮胎、自重等，这些车辆设计会直接影响能源消耗。通过对车辆结构进行适当修改可以提升生态驾驶效果，Giovanni等根据车辆动力学特性，通过适当设置转向不足特性和车轮转矩来制定生态驾驶策略能够获得良好的能源效率收益。杜辉等分析了主减速比、变速箱速比、整车滑行阻力、发动机本体油耗四个因素对整车循环油耗的影响。结果表明，主减速比越大，发动机转速越高、负荷越低，因此整车循环油耗也越高；变速箱对整车循环油耗的影响较小，主要原因是不同变速箱之间速比的差异并不大；滑行阻力减小，使得整车循环油耗显著降低，说明降低整车滑行阻力是降低整车油耗的重要手段。He等研究了高速公路上不同因素对车辆燃油消耗的影响，研究结果表明发动机是影响汽车燃油消耗的最关键因素。Zhang等建立了基于内燃机（ICE）、电机（EM）和电池运行的混合动力汽车燃油消耗模型，通过元胞自动机仿真研究了交通流中的燃油消耗。结果表明混合模式可以显著降低燃油消耗，在水平道路上平均节省燃料约30%，上坡、下坡、顺风和逆风行驶情况下的交通流油耗也显示出可观的节油效果。

道路交通状况方面主要包括道路类型、信号灯配时、道路拥堵程度、环境温度等。其中，道路类型在一定程度上会影响车辆的速度、加速度和减速度曲线。David等采用因子分析、回归分析和通径分析的序贯方法对两个不同道路特征的驾驶数据样本进行分析，得出减速率、转速、速度等驾驶行为对生态驾驶的影响较大，拥堵、路面坡度等外部因素对燃油消耗有直接影响。Wang等对不同道路类型（高速公路、城市主干道、地方街道）的生态驾驶影响因素进行研究，得出其中最节省燃油的道路是城市主干道。此外，还有研究发现合理的信号配时能够有效地降低车辆在有信号交叉口的排队等待时间，从而降低能耗和排放。而Shankar等发现如果可以降低交通拥堵程度，就能很大程度上实现能源消耗的显著降低。Younes等提出随着环境温度的下降，汽车的能耗也随之增加。

在电动汽车排放研究方面，吕晨等基于车辆每百千米电耗、全国电网平均排放系数，测得电动小客车单车CO_2排放系数为108gCO_2/km。么丽欣等根据电动汽车里程电耗和发电过程的碳排放因子建立车辆行进中碳排放量模型。大多研究计算分析过程中直接引用文献中电力碳排放因子，缺少不同发电结构对电动汽车运行阶段碳排放的影响。孙涵洁建立了电动汽车行驶中的碳排放模型，并根据电力综合碳排放因子测算电动汽车行驶中碳排放，分析了不同发电比例下电动汽车使用过程碳排放，但只考虑火电、水电、核电的碳排放，未考虑风电、太阳能发电碳排放影响。Marczak和Droździel根据不同种类发电用煤的碳排放因子、发电效率和发电结构，测得2019年波兰发电的碳排放因子为721gCO_2/（kW·h），得出结论：电动汽车耗电量0.14~0.16（kW·h）/km，二氧化碳排放量100.94~115.36g/km；但在分析电动汽车运行阶段碳排放时，只考虑褐煤、硬煤发电排放，未考虑其他发电方式。

在电动汽车减排方面，施晓清等从报废里程和电能结构角度开展对奥迪电动汽车温室气体排放的敏感性分析。么丽欣等通过相关性分析法分析车辆里程、电网清洁化、能耗、电池能量密度、可再生材料这五个影响因素对电动汽车碳排放量影响，并指出电动汽车能耗水平每下降1（kW·h）/100km，碳排放量下降约6g/km。刘爽等通过GaBi9.5软件建模计算电动汽车生命周期每个阶段的碳排放量，在关键排放阶段选取电池包质量、百千米耗电量开展敏感性分析。

2. "车—能"融合发展的节能减排研究现状

从电网侧优化方面，葛少云等针对如何利用电动汽车有序充电对电网实现削峰填谷效果的问题，提出了峰谷电价时段的优化模型与方法。常方宇等提出了基于分时充电价格引导及储能系统的电动汽车有序充电引导策略。肖浩等提出一种含大规模电动汽车接入的主动配电网多目标优化调度方法。周建力等以天然气—风—光—氢综合能源系统为规划对象，考虑了系统辐射区域的电动汽车随机充电需求，利用高斯核密度估计和K-means聚类算法来刻画风光出力和电动汽车充电的不确定性并生成典型概率场景，以年综合成本和年碳排放最小为优化目标，引入权重系数来表征决策者的优化偏好，基于混合整数线性规划对系统进行了容量配置优化。钱科军等建立了考虑电动汽车充电负荷随机特性的充电网络多目标规划模型，对充电站建设地址和容量进行优化。徐智威等从充电站充电策略方面，提出基于动态分时电价的电动汽车充电站有序充电控制方法。从电动汽车本身调度方面，汝改革等提出了一种基于电价响应和电网激励的电动汽车有序充电优化策略。Delnia Sadeghi等研究了微电网在两种不同模式下的资源优化配置问题，采用多目标粒子群优化算法研究了电动汽车调度。卢志刚等采用改进的离散细菌群体趋药性算法进行求解，通过对实例的计算分析得到符合减排要求的投资规划方案。从车网协同方面，熊焰等提出了一种预约机制下电动汽车车网协同有序充电管理模糊控制模型。

3.驾驶行为与生态驾驶关联研究现状

对于相同的交通场景，不同驾驶员的驾驶行为会使车辆产生不同的燃油消耗量，造成很多不必要的能源浪费，直接影响到车辆行驶的经济性。例如，在相同的驾驶环境下，经验丰富的驾驶员的驾驶行为比新手驾驶员的驾驶行为更加趋向于生态驾驶。Szumska等研究了攻击性驾驶对燃油消耗和空气污染物排放的影响，结果表明与平静驾驶相比，激进的驾驶风格会导致更高的平均燃油消耗和污染物排放，最多比平均水平高出30%~40%。Gunther等设计了一种多样化的方法来检测驾驶员行驶在临界距离时的生态驾驶行为，发现参与者在临界范围情况下明显使用更多不同的生态驾驶策略，表明驾驶员的生态驾驶与驾驶动机密切相关。驾驶过程中的外界刺激包含向驾驶员实行干预措施、经济激励措施，提供生态驾驶信息等。Mansfield等通过研究干预措施前后生态驾驶行为的变化，得出了干预措施对驾驶行为的影响取决于驾驶员的个体特征和驾驶动机的结论。Lai通过对比两个公交公司在执行生态驾驶货币型奖励前后的燃油效率数据，发现在对驾驶员实施奖励之后其平均燃油消耗节省超过10%，碳排放也明显降低。Schall对激励措施和节能干预措施的影响进行了研究，发现在引入非货币奖励后平均燃料消耗量立即减少，且6个月后这种效果会减弱。Ando等在驾驶过程中向驾驶员提供行程开始时间、结束时间、平均行驶速度、急加速、急减速及操纵次数等信息，验证了指导生态驾驶的信息提供频率对生态驾驶效果的影响，研究发现中等的信息提供频率可以使驾驶员保持长久的生态驾驶状态。

4. V2I车辆监测方面的研究现状

在LiDAR传感方法方面，许多的学者和城市交通管理部门提出了聚类LiDAR点云数据来分析周围可能存在的物体。常用的聚类算法包括基于距离的聚类算法和基于密度的聚类算法。例如，Takagi等提出了基于车载激光雷达的道路环境识别算法；他们将激光雷达探测到的数据聚类为几个片段，每个片段根据目标模型保持其特征。Chen等分析了三维点云处理和学习地图创建、定位和感知的关键要素。Li等总结了具有里程碑意义的三维深度架构以及深度学习在三维语义分割、目标检测和分类方面的显著应用。Mahdaoui等提出k-最近邻（k-NN）聚类算法来简化三维点云，并使用熵估计去除最小熵。Sun提出了K-means聚类算法对三维模型的网格云和点云进行分割。此外，Shen等提出了一种有效地去噪三维数据的离群点检测与去除方法。他们根据密度聚类将数据分为好聚类、可疑聚类或离群聚类，好聚类点通过多数投票确定可疑聚类，最终得到合理的三维点云数据模型。

由于受传感器设备采样频率和精度范围的影响，单个传感器获得的环境感知信息往往不全面或数据分析效率较低。因此，一些学者研究了在不同位置安装更多类型的传感器来感知环境，并使用不同的匹配算法来融合不同传感器的感知信息。例如，Li等提出了一种基于自动驾驶过程中摄像头图像和LiDAR信息融合的车辆识别和地图构建方法，对摄像头和LiDAR进行联合标定和时间配准，提取图像中的车辆阴影和LiDAR检测信息，获得坐标相关特征。Gao等提出了一种基于卷积神经网络（CNN）和图像上采样理论进行视觉与激光雷达融合的目标分类方法，该方法可以获得用于目标分类的信息特征表示。Park等提出了一种高精度深度估计的深度传感器融合框架，解决了三维问题从未校准的LiDAR点云和立体图像重建。Duan等人构建了环境感知框架，利用V2I通信技术提高自动驾驶汽车在交叉口的环境意识。Noh等人提出一种基于态势感知和基于态势评估的分布式推理的V2I通信数据融合协同系统。O'Callaghan等描述了一种用于有效聚类大数据流的单通道流算法，并提供了该算法在合成和真实数据流上的性能的经验证据。

5.道路行人识别的研究现状

作为一个完整的道路交通体系，还应该包括其他交通参与者，本书研究涉及的其他交通参与者主要为行人。下面阐述行人识别方面的最新研究进展。

在肖雨晴、杨慧敏的综述著作中，把行人识别的检测算法分为基于候选区域（两阶段）和基于回归（一阶段）两类。二者最大的区别是前者通过子网络辅助生成候选边界框，后者直接在特征图上生成候选边界框。基于候选区域的算法源于2014年Girshick等提出的R-CNN，R-CNN首次将深度学习引入目标检测，在Pascal VOC数据集上的mAP值为66.0%。在此基础上，Faster R-CNN、Mask R-CNN等算法相继出现。基于回归的算法源于2016年Redmon等提出的YOLO算法和Liu等提出的SSD算法，该方法将检测转化为回归问题，大幅度提高了检测速度。在此基础上发展的算法包括YOLO v4、RSSD等。具体算法介绍见表1-5。

目标检测算法是近几年计算机视觉领域的热点研究方向，包括基于候选区域和基于回归两类。基于候选区域的算法检测速度普遍较慢，在交通场景中检测的实时性还不能满足，但检测精度在不断提升；基于回归的算法检测速度快、实时性较好，但是检测精度与准确度相对于两阶段的算法还是较差。目前随着研究的深入，各种目标检测算法被提出，未来算法的发展应更多研究检测速度与精度并行且轻量的目标检测算法。

表1-5 目标检测算法比较分析

目标检测算法	实时性	优势	局限性	适用场景
R-CNN	否	首次将深度学习引入目标检测	获取目标区域费时，不共享特征	目标检测
SPP-Net	否	解决输入特征图尺寸不一致问题	各个检测步骤分离，仍需多次训练	目标检测
Fast R-CNN	否	使用感兴趣区域池化层（ROI Pooling layers）结构	使用外部算法来提取目标候选框，比较耗时	目标检测
Faster R-CNN	较差	真正完成端到端检测识别	模型复杂，小目标检测效果不佳	目标检测
R-FCN	较差	定位精度高	模型复杂，计算量大	目标检测、语义分割
Mask R-CNN	较差	分割准确，检测精度高	实例分割代价昂贵	目标检测、实例分割
YOLO v1	优秀	检测转化为回归问题，运行速度加快	形成更多定位误差、精度落后，泛化能力较弱	目标检测
SSD	优秀	结合回归与anchor机制	小目标特征丢失	多尺度目标检测
YOLO v2	优秀	速度进一步提升，召回率提高	小目标检测效果差	目标检测
RSSD	较好	小目标检测效果较好	模型复杂，检测速度一般	目标检测
YOLO v3	优秀	小目标检测精度提高	模型召回率低	多尺度目标检测
YOLO v4	优秀	融合各种调优技巧	检测模型大体未改变	高精度目标检测

对于道路交通的行人识别，特别是生态驾驶领域的行人识别，检测速度和检测精度均为重要的参数。识别速度慢，待响应时车辆已到

行人附近，避免不了急刹车、急加速；识别精度低，忽略了行人，临近时靠驾驶员识别且急刹车，同样加剧耗能。因此，在本书中需要找到一种可行的算法，兼顾速度和精度，且在工程实际中可以应用。

1.3.3 现有研究存在的问题

从上面的文献综述中可以看到，前人在生态驾驶领域已经开展了长期且卓有成效的研究，但从本书聚焦的人工智能辅助生态驾驶的角度，还有如下的一些点或者方向需要突破：

（1）兼具实用性和科学性的车辆碳排放模型，特别是燃油车和电动汽车同等条件比较下的碳排放模型。前面的文献综述部分提到，影响燃油车能耗的因素众多，如速度、制动、换挡及大量的底层参数（国家、驾驶员、道路类型、速度限制和基础设施等）。对于电动汽车而言，更有动能回收、电池衰减等其他因素。由于涉及的因素太多，截至目前也没有权威的关于燃油车和电动汽车排放对比的模型，对于每个涉及生态驾驶的研究者而言，都需要重新构建符合研究内容的模型。针对科学性，无论采用哪一种的模型构建方法，都必须有依据、逻辑严密且可复现。如单纯想研究电动汽车替代燃油车的生态效应，从充电电量出发还是可以给出一个相对精确的值，在本书中也将给出一个算例。

（2）缺乏面向复杂交通场景的生态驾驶节能潜力度量方法。当前对生态驾驶影响因素的研究主要集中在车辆结构特征、实时路况信息、驾驶行为等方面，重点分析了车辆结构特征与油耗的关系、实时路况（如道路类型、外界温度等）因素以及驾驶员操作（如急加速、急减速等）对车辆油耗的影响等内容。但是一个完整的交通场景或事件是一个连续的过程，尤其是在有些复杂的交通路段，如何从系统而非片面的角度对复杂交通场景的生态驾驶节能潜力进行度量分析，这是需要解决的一个重要问题。

（3）非球形结构数据集聚类。当数据集的聚类结果为非球形结构时，基于距离的聚类效果较差，而基于密度的聚类算法可以找到任意形状的聚类。因为它在数据集中寻找被低密度区域分隔的高密度区域，所以分隔的高密度区域被视为一个独立的类别。因此，本书采用DBSCAN算法对点云数据进行聚类，从点云数据中提取目标信息，采用单遍算法对车辆和目标信息进行匹配，获得车辆在行驶过程中所处的周围环境目标信息。

（4）生态驾驶框架下车辆与其他交通参与者的互动。关于车辆与其他交通参与者特别是行人的交互，在自动驾驶研究领域涉及较多，但目前为止在生态驾驶的框架下，车辆与行人之间联动研究尚为空白。文献综述部分提到了道路行人识别方面的研究，但如何把行人识别技术与车辆融合，应用到生态驾驶领域尚属空白。

基础理论与方法

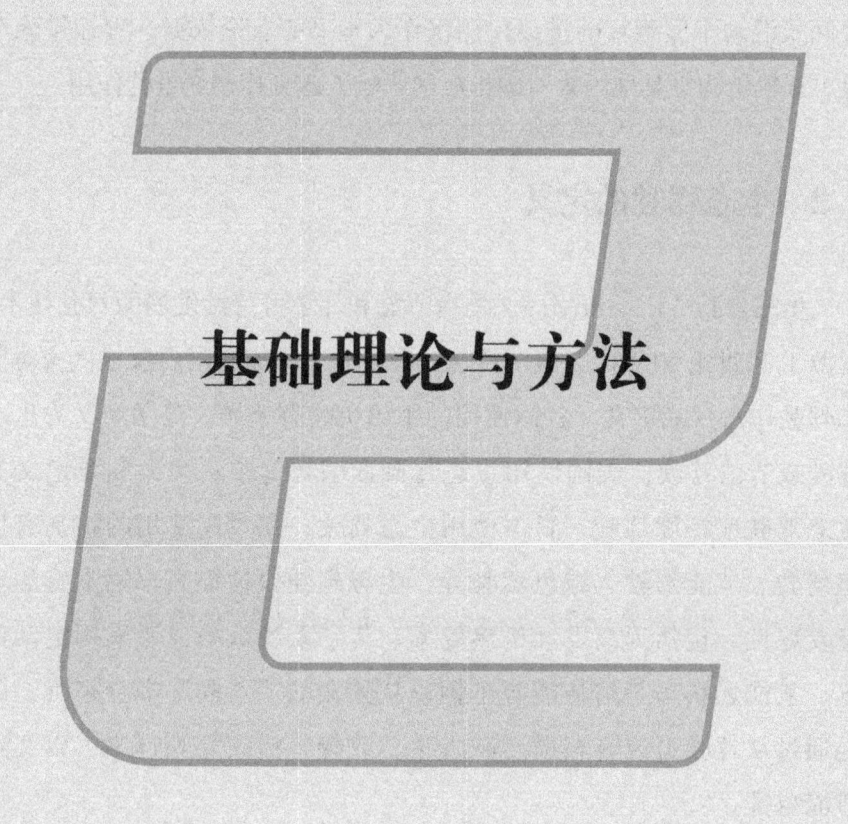

2.1 引言

本章重点研究广义的生态驾驶,与此同时,在研究广义生态驾驶过程中,测算的燃油车和电动汽车排放量对比也将作为本书通篇的比例依据。由于燃油车和电动汽车不同车型的排放差异巨大,本书以某种并联式混动车型测算的排放比例仅作为本书的立论依据,旨在排除车重、车辆结构等其他因素对碳排放的影响,起到控制变量的作用。

2.2 生态驾驶的定义

生态驾驶(Eco-driving)是指节能和环境可持续发展的驾驶技术,起源于20世纪90年代。截至目前,尚没有国际或者国内权威机构对生态驾驶作出权威定义,各国使用的术语也略有差异:英国定义为生态驾驶或节油驾驶;美国使用生态驾驶或明智驾驶;澳大利亚定义为生态驾驶或环境驾驶;日本使用生态驾驶;在我国使用的定义有生态驾驶、节能驾驶、绿色驾驶等。生态驾驶包括提高车辆本身的环境友好性,包括提高发动机热效率、传动系统效率或者采用电动汽车、氢能燃料车等清洁能源车辆;从狭义的"驾驶"本身来讲,则是通过从驾驶员或者辅助驾驶入手,改善、提高驾驶行为,以实现节能减排。

欧洲提出生态驾驶"五大黄金法则",日本则是"生态驾驶10法",具体包括:预测交通流并作合理路径规划;平稳起步和平稳行驶;减少急刹、急加速;减少车辆附属部件使用;长时间怠速熄火;及时检查保养车辆等。在生态驾驶的研究初期,大多聚焦于燃油车辆,近几年随着电动汽车技术的不断成熟,针对电动汽车的生态驾驶技术研究也日趋繁荣。特别是电动汽车的生态驾驶技术除本身节能减排的效应之外，在延长续航里程、提高驾驶体验方面也具有客观的作用，使该研究越来越受到重视。

2.3 燃油和电驱动方式的碳排放测算

为客观测定燃油方式和电动方式的不同碳排放，并联式（又称为插电式）混动车型做测算。基于上文提到的无法精确测量的现实，强调客观则是为了保证对比的有效性，基于同一款车型的官方测量数据，这样就排除了车重、载重、车况、测量工况等因素造成的测量偏差。选取并联式混动车型的原因是，串联式混动车型的驱动方式是内燃机驱动发电机，电力驱动电动机做功，增加了中间环节的能耗。

2.3.1 汽油碳排放

92号汽油和95号汽油的主要区别在于它们的抗爆指数，即俗称为的辛烷值的燃油标号。95号汽油的辛烷值更高，意味着它可以在更高的压力下燃烧而不引发爆震。这使得高性能的发动机可以更高效地运行，从而可以提高燃烧效率，减少二氧化碳排放。但是，对于不需要高辛烷值的普通车辆，使用95号汽油不一定会提高燃烧效率。真正影响充分燃烧状态下二氧化碳排放的因素是汽油的含碳量，92号汽油和95号汽油的碳含量基本相同，因此，理论上它们燃烧产生的二氧化碳量也应该相同。

在2010年5月7日的美国环保署、交通部联合规定的序言中，这两个机构在设定2012—2016年度国家程序燃油经济性标准时，声明他们已经同意使用一个公共转换因子，即每消耗一加仑汽油产生8887克的二氧化碳排放（2010年联邦公报）。1美制加仑等于3.785411784升，因此每升汽油的二氧化碳排放为2347.70克。

2.3.2 供电碳排放

Reed Doucette等在2011年利用Oxford VEhicle Model（OVEM）（Doucette, 2010; Doucette and McCulloch, 2011）仿真模型比较了内燃机汽车（ICE）和电动汽车（BEV）的碳排放。当时该研究者采用的中国发电碳排放强度为868gCO_2/kWh，并得出结论认为在中国采用电动汽车并不能显著减少碳排放。卢志刚等引用上述结论及相关文献，认为在完全由火电发电对电动汽车充电时，电动汽车行驶时每千米排放的CO_2与燃油汽车基本相同。随着时间的推移，我国非化石能源电厂的比重不断加大，2020年我国总发电量77790.60亿千瓦时，其中火电发电量53302.48亿千瓦时，占比68.52%。根据我国《2019—2020年全国碳排放权交易配额总量设定与分配实施方案（发电行业）》，300兆瓦以上机组供电碳排放基准值为0.877tCO_2/MWh，300兆瓦及以下基准值为0.979tCO_2/MWh，即我国的供电碳排放应该在601~671gCO_2/kWh之间，远低于引文中适用的868gCO_2/kWh。根据《中国区域电网二氧化碳排放因子研究（2023）》，2020年我国的供电碳排放为608gCO_2/kWh。

2.3.3 并联式混动车型的碳排放测算

为尽可能地使结果具有代表性，我们在选取测算的并联式混动汽车时，覆盖了原产地为中国、日本、德国、美国的不同品牌，定价覆盖从10万元人民币左右到100万元人民币以上，包含轿车和SUV且从微型车到大型车均有覆盖。所有车辆的型号及定价信息作脱敏处理，所有的油耗及电耗来自汽车厂商提供的官方数据。以汽油排放2347.70g/L，2011年电碳排放868gCO_2/kWh，2020年电碳排放608gCO_2/kWh为标准测算二氧化碳排放值（见表2-1）。

表2-1 并联式混动汽车燃油及电驱动二氧化碳排放对比

型号	A	B	C	D	E	F	G	H	I	J
指导价（元）	11.××	12.××	15.××	17.××	18.××	20.××	23.××	30.××	5X.××	1××.××
油耗（L/100km）	3.8	3.8	4.9	5.92	5.5	4.3	5.5	5.4	6.8	9.25
电耗（kWh/100km）	11.7	15.5	21	18	24.25	10	18.2	16	18.7	40.68
燃油驱动排放（gCO$_2$/100km）	8921	8921	11503	13898	12912	10095	12912	12677	15964	21716
电驱动排放（2011年，gCO$_2$/100km）	10155	13454	18228	15624	21049	8680	15797	13888	16231	35310
电驱动排放（2020年，gCO$_2$/100km）	7113.6	9424	12768	10944	14744	6080	11065.6	9728	11369.6	24733.44
电驱动排放与燃油驱动比值（2011年）	1.14	1.51	1.58	1.12	1.63	0.86	1.22	1.10	1.02	1.63
电驱动排放与燃油驱动比值（2020年）	0.80	1.06	1.11	0.79	1.14	0.60	0.86	0.77	0.71	1.14

由于车重、发动机排量、电动机功率等因素的不同，不同车型之间燃油驱动排放和电驱动排放不能直接作对比，也不能通过求算术平均数的方式反映整体情况。但是，由于燃油驱动的排放和电驱动的排放都基于同一辆车计算，仅根据不同年份的发电比例进行了一定区分，因此，电驱动和燃油驱动的比值具有现实意义。在2011年，由于燃煤机组发电占全国发电量比例较高，按照该标准测算的二氧化碳排放，电驱动与燃油驱动比的平均值为1.28，表明按照该年的发电比例，汽车采用电驱动

比燃油驱动排放更大。在十年后的2020年，随着燃煤机组发电占全国发电量比例下降，测算的二氧化碳排放电驱动与燃油驱动比的平均值为0.897，表明2020年，汽车采用电驱动的二氧化碳排放已经小于采用燃油驱动。从上文可知，清洁能源的发展对生态驾驶有着非常明显的作用。

2.4　电动汽车生态驾驶的影响因素分析

交通过程主要的参与主体包括驾驶员（在自动驾驶或者辅助驾驶中为AI机器人）、车辆、道路和其他交通参与者。在整个交通过程中，上述的参与主体有着天然且紧密的逻辑联系，见图2-1。

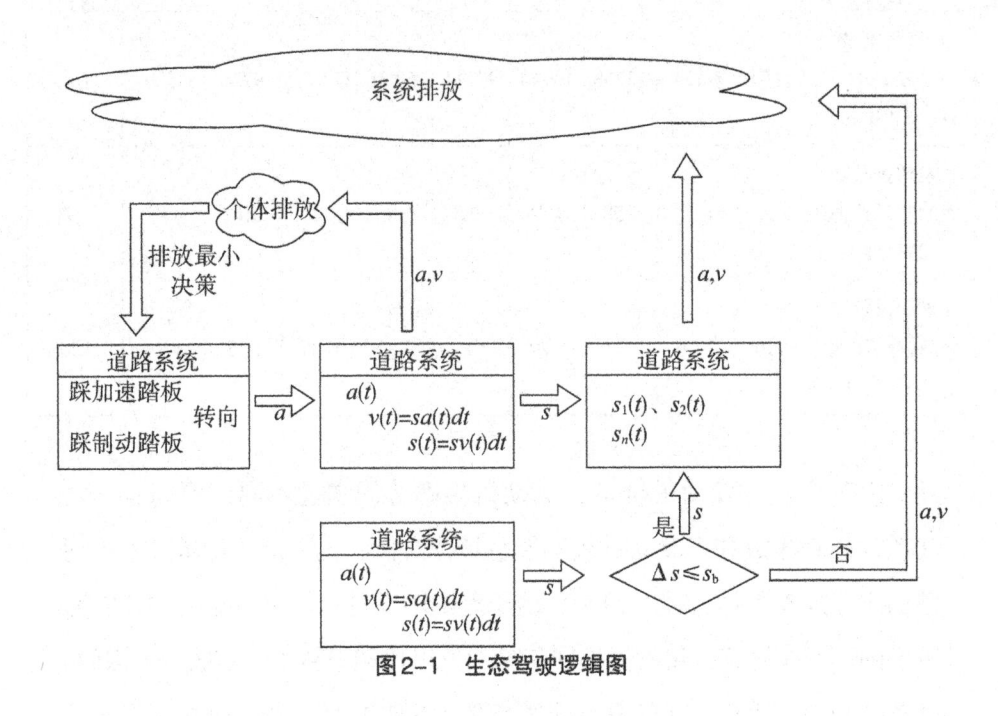

图2-1　生态驾驶逻辑图

在图2-1中，以研究的对象车辆为核心主体，把核心主体从起点到终点的整个过程定义为一个封闭的生态交通体系；时间t是全局性变量；x是垂直于道路前进方向的横向位移，为了计算方便和符合我国从右侧通行的交通法规，把右侧机动车道和非机动车道的分界线定义为x=0；y是道路前进方向的纵向位移积分，即不管道路的朝向如何变化，y均指车辆在道路方向上行驶的距离。

驾驶员（控制动力和转向的自然人和AI机器人统称为驾驶员，没有特殊说明的话整篇文章均采用上述定义）输出驾驶行为，包括踩加速踏板、转向、踩制动踏板等，使用空调等其他车载耗能设备因相对驾驶行为本身独立不列入本书研究，通过驾驶行为驾驶员影响车辆加速度$a(x, y)$，这是一个二维变量，包括x和y两个坐标的加速度。核心主体车辆的属性除了加速度$a(x, y)$外，还包括$v(x, y)$，以及车辆的行驶路程或者说相对位置$s(x, y)$，路程是速度的积分。值得注意的是$v(x, y)$可以表示为v在x和y两个分量上的均方根，作为后续研究速度和能耗之间的变量，但作为路程，通常只取在y方向上的分量s_y。研究对象的时间与路程函数$s_{x, y}(t)$以3D图的形式展现（见图2-2），设定的启动加速度为$3m/s^2$，车辆在第10s时刻换道、车道宽3.6m，换道时间0.4s，在第15s时起用2s时间减速至0m/s，其余时间以18m/s速度匀速行驶。其中立体线条代表$s_{x, y}(t)$，在x×y坐标系中的投影则是其路径轨迹（见图2-3）。相关的速度、加速度参数在图中等价为梯度。

对于道路而言，所有交通参与者的位置$s(x,y)$和速度$v(x,y)$都是有意义的，但对于研究对象而言，则只需要考虑相对距离小于刹车距离s_b的车辆。研究对象车辆的速度$v(x,y)$和加速度$a(x,y)$影响了该车辆的能耗即碳排放，系统内所有车辆的速度和加速度则影响了整体的碳排放。具体的影响方式和其他的影响因素在下一节讨论。车辆状态的排放因素确定后，在安全驾驶和舒适驾驶的前提下，按照生态驾驶的决策逻辑反馈驾驶行为的改变，这也是本章后续节要探讨的问

图 2-2 车辆行驶函数 3D 图

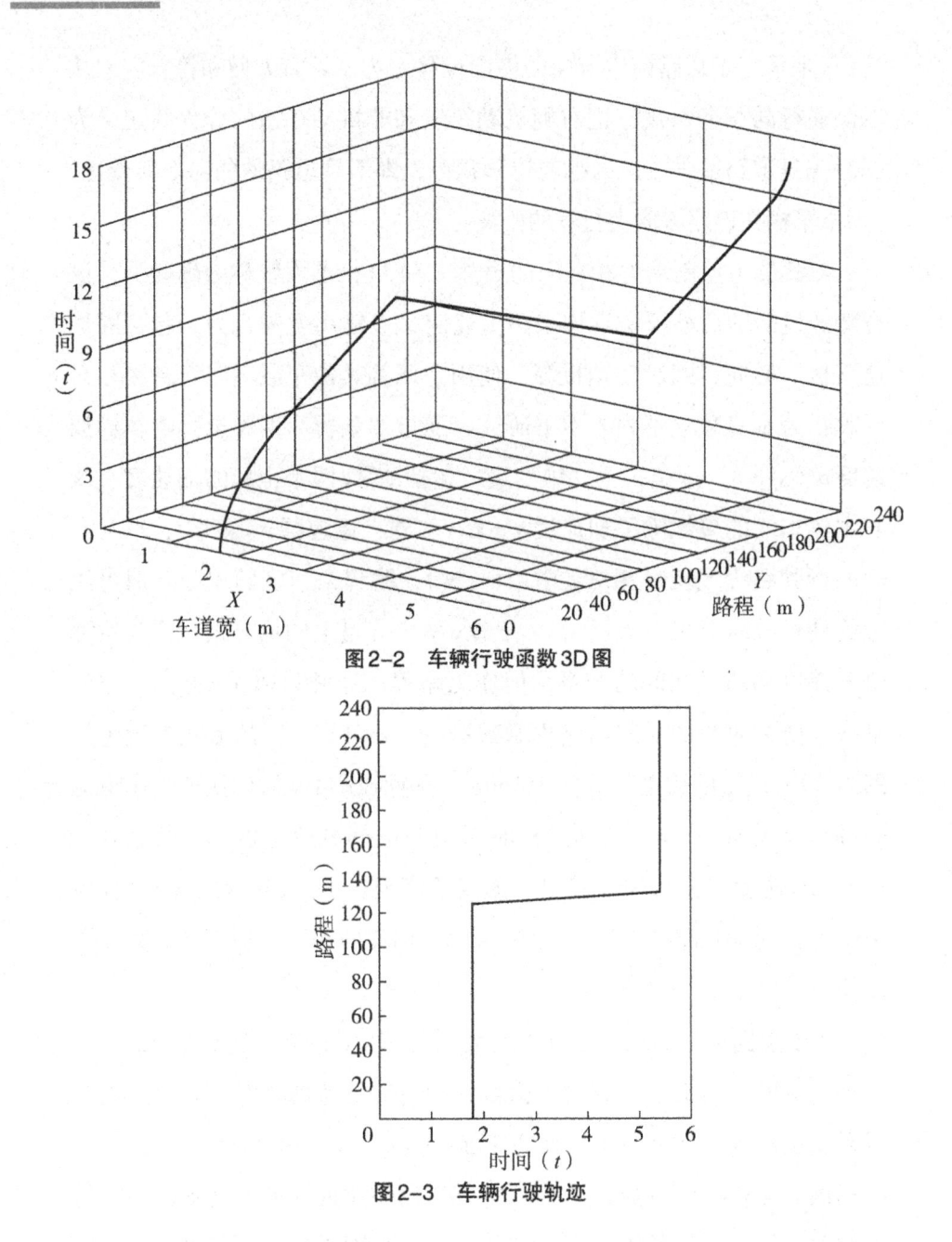

图 2-3 车辆行驶轨迹

题。对于整个交通系统而言，是所有的交通参与者都按照生态交通的逻辑行为，这是一个美好的愿景，就本书研究而言，更注重于研究对象的生态驾驶。

$$\begin{cases} v_x(t) = \int \alpha_x(t)dt \\ v_y(t) = \int \alpha_y(t)dt \end{cases} \tag{2.1}$$

$$\begin{cases} s_x(t) = \int v_x(t)dt \\ s_y(t) = \int v_y(t)dt \end{cases} \tag{2.2}$$

根据生态驾驶的理念，车辆状态的排放因素确定后，驾驶员在安全驾驶和舒适驾驶的前提下，按照生态驾驶的决策逻辑反馈驾驶行为的改变。这个决策过程的前提和关键点就是车辆状态的排放因素确定。

在2013年，黄万友等以济南市实际运行的纯电动物流用车为研究对象，分析了不同驾驶员驾车行驶时能耗差别及影响因素，并对车辆加速度、车速、能量回馈、行驶工况及电机过载等因素对纯电动汽车能耗的影响规律进行了测试分析。Chen等基于100辆私家电动汽车一年运行数据计算车速类、电机运行特征类、踏板类等18个驾驶行为特征值，通过BP神经网络算法确定驾驶行为与耗电量的关系，其中数据采集间隔为20s。Han等基于重庆市某公交线路上26辆公交汽车运行两年的驾驶记录，提出了基于评价区域的驾驶行为模型，用于区分对能耗和乘坐舒适性影响较大的特殊驾驶区域，分析中数据的采样间隔为1s。Larusdottir等以2s的采样间隔采集了使用汽油、柴油、甲烷、氢等燃料及氢电混合动力和油电混合动力汽车一年的运行数据，并建立了驾驶行为与能耗的线性回归模型，研究了不同燃油类型车辆在不同驾驶行为下的能耗变化规律。魏涛以2min的采样间隔采集卡车运行过程中速度、瞬时油耗等19个运行参数，研究了驾驶行为对能耗的影响并建立了能耗预测模型。王萍等以急加速、急减速、长时加速和长时急速4类驾驶行为作为影响能耗的特征参数，基于模糊评价理论建立驾驶行为评价方法，分析中数据采样间隔为1s。赵晓华等基于北京市出租车实际运行数据，应用方差分析方法分析了不同条件下驾驶行为对出租车能耗的影响，并提出了生态驾驶行为节能潜力计算方法，分析中的采样间隔为1s。

在以上的研究中，均未直接给出不同驾驶行为的能耗数据。原因是车型、车辆甚至车况的不同都会影响指定车辆的能耗数据，因此将个别的实验数据直接套用至所有的研究中并不合理。但由于驾驶行为对能耗影响的量化分析是制定相应控制策略的基础。因此，本书以黄万友等在2013年的研究为参考和基础，指定不同驾驶行为的能耗影响。

黄万友等使用的是传统的统计学思路，通过驾驶员连续驾驶7天，选取部分统计数据分析不同驾驶行为的能耗。

汽车行驶时所需电机输出功率公式：

$$P = \frac{(Gf + \frac{C_D A}{21.15}v_a^2 + Gi + \delta ma)(\frac{v_a}{3.6})}{\eta_t} \quad (2.3)$$

P 是电机输出功率；f 是滚动阻力系数；G 是汽车重力；C_D 是空气阻力系数；A 是迎风面积；va 是当前车速；i 是坡度系数；m 是汽车质量；a 是行驶加速度；η_t 是传动效率；δ 是汽车旋转质量换算系数，对于纯电动汽车，其计算式为：

$$\delta = 1 + \frac{1}{m}\frac{\sum I_w}{r^2} + \frac{1}{m}\frac{I_f i_g^2 i_0^2 \eta_t}{r^2} \quad (2.4)$$

I_w 是车轮转动惯量；I_f 是电机输出轴和传动轴的转动惯量；i_g 为变速器传动比；i_0 为主减速器传动比。

2.4.1 加速度影响

方法中分析了加速度对能耗的影响，虽然电池组放电效率随加速度的增加而降低，在车辆加速度小于特定值时（黄万友等的研究中为 0.4m/s^2），车轮驱动能量随加速度增加而增加，但因驱动电机系统整体的效率随加速度增加而升高，使车辆在行驶过程中电池组消耗总能量略有增加；在车辆加速度大于该特定值0.4m/s^{2}时，车轮驱动能量趋于平稳，但电机系统整体效率均值随加速度增加而降低，导致电池组消耗的总能量缓慢增加；当车辆加速度大于另一个较大的特定值（黄万友等的研究中为 1.4m/s²）时，电机系统整体的效率明显下降，电池组消耗总能量急剧增加。

从中可以学习的是：加速度对车辆能耗的影响来自电池组放电效率的单调递减，和驱动电机系统整体效率的先增后减，因此，能耗随加速度的增加有两个梯度的变化点，对于实际的生态驾驶控制策略而言，前一个变化点的加速度过小（0.4m/s²），无现实的管控意义，在实际的生态驾驶管控策略中，我们应当控制电机效率明显下降的变化点（1.4m/s²）。

2.4.2 能量回馈方式影响

能量回馈包括滑行能量回馈和制动能量回馈，滑行能量回馈涉及的驾驶状态主要是匀速行驶，能量主要来自路面坡度带来的势能，制动能量回馈涉及的驾驶状态主要是减速行驶，能量来自减速前的动能。本节涉及的能量回馈分类与黄万友等的研究并不一致，黄万友等认为不采取制动动作，车速从 60km/h 下降至 10km/h 的滑行车速均为滑行，本书则认为，车速不变的条件下，依靠势能行驶的状态为滑行。本书的分类原则更多地考虑到驾驶行为和能量转化的因素，认为势能回收和动能回收为两类场景，所有减速过程涉及动能回收，均为制动场景。

根据黄万友等的实验结果，车辆在轻度制动时（a < 1.2m/s²）制动转矩完全由电机提供，随着制动强度增加，制动转矩达到最大后，前后轴机械制动转矩随之增大，大量的动能通过摩擦转化为热能，导致回收能量减少，回收能量随制动减速度增加而减小。根据这一结果可以认为，路面安全情况等条件允许的状态下，采取轻度制动能够有

效回收能量，减少能耗。

2.4.3 速度影响

式（2.3）中车速对能耗的影响主要来自两个方面：一方面是滚动阻力，另一方面是风阻。在驾驶员不做制动动作，无其他因素影响下，拥有初速度V_0的试验车辆将在滚动阻力和风阻的共同作用下减速到0。图2-4是为了测算式（2.9）中提及的滚动阻力和风阻系数，本书参考采用韩宗奇等使用的测算方法。

图2-4 滚动阻力和风阻作用下制动示意

1.汽车滑行运动微分方程

从能量的角度分析，在车辆的滑行过程中，转化为滚动阻力和风阻的热能逸散，但从生态驾驶的角度分析，计算从初速度V_0到0的能量逸散过程并不能简单地认为所有的动能均被消耗，因为即使匀速行驶过程，也会有滚动阻力和风阻做功。而且由于滚动阻力有速度的一次项、风阻有速度的二次项，滑行同样的距离比以初速度匀速通过某段距离要更节能。为此，我们必须计算滚动阻力、风阻的系数。

车辆滑行过程中，滚动阻力和空气阻力共同造成了车辆减速，即

$$F_f + F_w = -\delta \frac{G}{g} \frac{dv}{dt} \quad (2.5)$$

$$F_f = G_f = G(a + bv) \quad (2.6)$$

$$F_w = \frac{1}{2} C_d \rho A v^2 \quad (2.7)$$

其中 G 为汽车重力（N）；f 为滚动阻力系数；a 为滚动阻力系数中的常数项；b 为滚动阻力系数中速度的一次项系数；v 为汽车速度（m/s）；Cd 为空气阻力系数；ρ 为空气密度 1.29kg/m³ 也可以力的形式表达为 $1.2258N \times s^2/m^4$，A 为汽车迎风面积（m²）；δ 为大于1的汽车旋转质量转换系数。

将式（2.6）和式（2.7）代入式（2.5），并出于简化需要令 $c=CdA\rho/2G$，得汽车滑行运动微分方程

$$-\frac{\delta}{g}\frac{dv}{dt} = a + bv + cv^2 \qquad (2.8)$$

2. 对微分方程的积分和求解

$$t = \int_0^t dt = \frac{\delta}{g}\int_v^{v_0} \frac{dv}{a+bv+cv^2} \qquad (2.9)$$

即 $\dfrac{\delta}{g}\int_v^{v_0} \dfrac{dv}{a+bv+cv^2} = \dfrac{gt}{\delta}$

v_0 为滑行初速度。

式（2.8）两边同乘以滑行距离 l 的微分 dl，并代入 $v=dl/dt$，积分得

$$l = \int_0^l dl = -\frac{\delta}{g}\int_{v_0}^v \frac{vdv}{a+bv+cv^2} = \frac{\delta}{g}\int_v^{v_0} \frac{vdv}{a+bv+cv^2}$$

积分

$$l = \frac{\delta}{2gc}\ln\left|\frac{a+bv_0+cv_0^2}{a+bv+cv^2}\right| - \frac{b\delta}{2gc}\int_v^{v_0}\frac{dv}{a+bv+cv^2} \qquad (2.10)$$

联立式（2.9）和式（2.10）可得

$$l = \frac{\delta}{2gc}\ln\left|\frac{a+bv_0+cv_0^2}{a+bv+cv^2}\right| - \frac{bt}{2c} \qquad (2.11)$$

到滑行结束，$v=0$，$l=L$，$t=T$，L 为整个滑行的总距离，单位为 m，T 为滑行的总时间，单位为 s。对于上述方程而言，需求的参数包括 a、b、c 和 δ。

对于形式为式（2.11）的超越方程，无法求得其解的解析式。通常

使用Python或者Matlab等工具通过数值法求解。

3.对微分方程的积分和求解

本书所使用的实验车辆为北汽EU5，在实验路段测得的$a \approx 0.008$，$b \approx 0.0003$，$c \approx 0.00006$，由于能耗等于阻力与速度乘积的积分，所以最终能耗与车辆速度的关系随着车速的增加而显著增加。

有一个特定的速度（黄万友等的研究中为19km/h），超过此速度风的阻力大于滚动阻力，还有另一个特定的速度（黄万友等的研究中为55km/h），由于风阻过大，电机运行在弱磁区，路程平均能耗急速增加。

电动汽车运行于弱磁区的场景较为常见，比较典型的就是在高速公路上的运行，作为一辆合格的上牌车辆，行驶在高速公路上是不可避免的，且根据安全行驶的要求，车速宜控制在120km/h以下，此时电动汽车运行于弱磁区，电池输出电压不变、励磁下降、力矩下降，能耗上升。下面将讨论弱磁区运行影响能耗的原理：

电动汽车所使用的电机一般为永磁同步电动机（PMSM），在直流母线电压Udc确定的情况下，逆变器输出最大定子电压Usmax是一定的。当Usmax不断增大，达到最大值后会使电流内环调节器满载。如此时永磁同步电机还需继续升速，则需要对调速系统采取弱磁控制策略，进而实现电机高速运转。

永磁同步电机弱磁控制策略原理类似于他励直流电机。随着直流电机转速不断升高，端电压也不断增大，当电压增大至峰值时，无法通过调压调速来提高转速，只能减小励磁电流以调节励磁磁通，实现电机高于额定转速上的弱磁升速。永磁同步电机的励磁磁通是由永磁体提供的，该磁通恒定不变。降低磁通强度方式只有通过增大定子电流去磁分量（d轴）以削弱气隙磁通，从而达到他励直流电动机的弱磁等效，相关原理通过以下公式阐述：

PMSM高速运行时，忽略定子上的压降，d-q轴电压方程简写如式（2.12）：

$$\begin{cases} U_d = -\omega_e L_q i_q \\ U_q = \omega_e L_d i_d + \omega_e \psi_f \end{cases} \quad (2.12)$$

电压矢量幅值如式（2.13）：

$$U_s^2 = U_d^2 + U_q^2 \leq U_{lim}^2 \quad (2.13)$$

合并以上两式可得：

$$U_s = \omega \sqrt{(L_q i_q)^2 + (L_d i_d + \psi_f)^2} \quad (2.14)$$

由式（2.14）电压平衡方程可以看到，当定子电压Usmax达到其最大值，即Usmax和Ulim相等时，永磁同步电机的升速只能靠调节直轴电流和交轴电流大小来实现，根据电压平衡方程增加直轴去磁电流分量、减小交轴分量，在弱磁升速的同时维持电压平衡，这就是PMSM弱磁控制调速方式。

从上面的原理分析我们可以看到，弱磁区运行的电机增加了反向励磁电流，在减小了输出力矩的同时，客观上增加了能耗，且额外能耗随着励磁电流的增加绝对值和比例不断上升。当然，弱磁区升速是有极限的，当不断减小的力矩与风阻和摩擦阻力达到平衡时，车速将无法进一步提升。

在实际的驾驶过程中，车速控制在前一个较小特定速度（19km/h）的原因小概率为生态驾驶的诉求，更多出于安全性限速考虑。对于生态驾驶管控策略而言，控制在后者较大特定速度（55km/h）有较强实际意义。另外值得一提的是，基于我国非高速公路限速基本在80km/h左右，通过改变电机参数、改善风阻性能，把弱磁区提高到80km/h以上有一定的实际意义。

2.4.4 电机过载影响

车辆在上坡及加速工况时，驱动电机可能会过载运行，在黄万友等的实验过程中，电机处于功率过载工况下所消耗的能量占总能耗的32.3%~69.9%。电力驱动系统效率降低主要由感应电机铜铁损及动力电池组内阻损耗所致。在电机转速不变时，磁通和电源角频率基本恒定，电机铁损变化不大，随着电机驱动转矩增加，电机电流相应增加，使电机铜损明显增加，电机系统效率显著降低；电池组放电效率随电流增加而降低，SOC或温度较低时内阻较大，此时大电流放电会进一步加剧电池组能量损耗。因此在同一电机转速下，电力驱动系统效率随过载转矩增加而减小。

2.4.5 路况影响

路况的影响是在前四类驾驶场景的基础上，由各类非生态驾驶行为的频率造成的影响。无论是频繁的加减速，还是长时间的高速行驶，或者电机过载运行，都会造成额外的能耗，即额外的二氧化碳排放，这与生态驾驶的理念相悖。

在路程、路况等条件同等状态下，非生态驾驶行为占总量比例越高，同一行驶过程能耗越大。本节汇总量化的生态驾驶阈值，为后续的生态驾驶行为识别和决策作基础（见表2-2）：

表2-2 生态驾驶行为量化阈值

阈值	行为指标			
	启动加速度	制动加速度	行驶速度	电机扭矩
阈值1	0.4m/s2	1.2m/s2	19km/h	额定扭矩
阈值2	1.4m/s2	1.2m/s2	80km/h	额定扭矩

注：在黄万友等实验中使用的是低速电动汽车，弱磁阈值速度为55km/h，在论文成稿年（2023年）市场上的电动汽车弱磁阈值速度普遍为80km/h。

上表中的阈值1与实际使用差距较大，本书后续使用的阈值均采取阈值2。

2.4.6 附件能耗及坡度的影响

在考虑附件能耗的情况下，电池能耗功率

$$P_{bat} = \frac{P_{acc} + P_{div}}{\eta_{bat}} \quad (2.15)$$

附件能耗有空调、车载多媒体系统、车内加热元器件（如前后挡风玻璃加热、后视镜加热和座椅加热等）、灯光照明系统以及电动助力转向系统等，其中车用空调能耗在整个电动汽车附件能耗中占比最大。在温度、光照等因素基本不变的同一行驶过程中，附件能耗P_{acc}基本不变。

欲求得驾驶能耗P_{div}，需要分析行驶状态下的车辆输出功率P_s，以及P_{div}和P_s之间相互关系。车辆输出功率

$$P_s = F_s v = (ma + 0.5 \times C_d \times A \times \rho \times v^2 + G \times \sin\alpha + G \times \cos\alpha \times f)v \quad (2.16)$$

根据传导关系，有

$$F_s = \frac{T_{mot} i_g i_o \eta_T}{r} \quad (2.17)$$

其中T_{mot}为电动机输出转矩；i_g、i_o分别为变速器、主减速器的传动比；η_T传动系统的机械效率；r为车轮半径。

电机的输出功率P_{mot}与输出转矩T_{mot}之间关系为（n为电机转速）：

$$P_{mot} = \frac{T_{mot} n}{9.55} \quad (2.18)$$

电机转速n与车速v之间的关系为：

$$v = \frac{2\pi r n}{60 i_g i_o} = 0.105 \frac{r n}{i_g i_o} \quad (2.19)$$

合并式（2.16）~式（2.19）可得

$$P_{mot} = \frac{F_s v}{\eta_T} \quad (2.20)$$

对于电机效率为 η_m 的电机而言，P_{div} 可由下式求得：

$$P_{div} = \frac{P_{mot}}{\eta_m} = \frac{(ma + 0.5 \times C_d \times A \times \rho \times v^2 + G \times \sin\alpha + G \times \cos\alpha \times f)v}{\eta_T \times \eta_m} \quad (2.21)$$

电池的能耗功率

$$P_{bat} = \frac{P_{acc} + P_{div}}{\eta_{bat}} = \frac{P_{acc}}{\eta_{bat}} + \frac{(ma + 0.5 \times C_d \times A \times \rho \times v^2 + G \times \sin\alpha + G \times \cos\alpha \times f)v}{\eta_T \times \eta_m \times \eta_{bat}} \quad (2.22)$$

通过上面的推导得出了电池的耗电功率，但对于具体的行车过程而言，我们关心的不是功率即每秒耗能多少，而是路程的平均能耗，即每米耗能多少。

$$\frac{dw_{bat}}{ds} = \frac{P_{bat}}{v} = \frac{P_{acc}}{\eta_{bat} \times v} + \frac{ma + 0.5 \times C_d \times A \times \rho \times v^2 + G \times \sin\alpha + G \times \cos\alpha \times f}{\eta_T \times \eta_m \times \eta_{bat}} \quad (2.23)$$

从式（2.23）我们可以看到，车速越快，行驶能耗呈二次方增加，但固定能耗呈倒数减少。对行驶能耗按车速求导可得

$$\frac{P_{bat}}{v \times dv} = -\frac{P_{acc}}{\eta_{bat} v^2} + \frac{C_d \times A \times \rho \times v}{\eta_T \times \eta_m \times \eta_{bat}} \quad (2.24)$$

令 $\frac{P_{bat}}{v \times dv} = 0$，则

$$v_0 = \sqrt[3]{\frac{P_{acc} \times \eta_T \times \eta_m}{C_d \times A \times \rho}} \quad (2.25)$$

这个 v_0 就是距离能耗最低时的车速，同时，对于同一行驶路程，除了无法避免的摩擦力，加速度 a 的次数越少，能耗也越低，能量回收效率越高，坡度带来的能耗也相对越少。

2.5 本书所采用的算法简述

在第1章的研究现状中，涉及的算法主要是知识图谱。知识图谱是知识发展进程与结构关系的图形。以科学知识为计量研究对象，属于科学计量学的范畴。在以数学方程式表达科学发展规律的基础上，以曲线形式将科学发展规律绘制成二维图形。用定量统计方法发现科学知识指数增长规律的科学计量学奠基人普赖斯（Derek J.de Solla Price），也是科学知识图谱的早期开拓者。德国科学计量学家赫尔德若·克里奇默关于科学合作的三维空间模型研究，大大地推动了科学知识图谱的发展。因此，知识图谱绘制是科学计量学的发展与创新。

2.5.1 数据预处理方法

1.卡尔曼滤波

卡尔曼滤波器本质上是最小二乘法和维纳-柯尔莫哥洛夫滤波器的发展和推广，随机序列卡尔曼滤波实际上就是高斯估计递推形式，而定常系统平稳卡尔曼滤波就是多维维纳滤波，所不同的是，卡尔曼滤波引进了状态空间法，得到了估计递推算法，而且得到了估计误差协方差的递推算法。这类递推算法实时性强，存贮量小，估计性能好。卡尔曼滤波对非常广泛的系统都有适应能力（如多维非平稳等）。20世纪60年代后，蓬勃发展的航空空间事业，军事技术和工业技术，正需要这种理论解决一系列困难的问题。实现卡尔曼滤波器的先决条件之一是数字计算机。20世纪60年代后，计算机技术不断发展，提供了卡尔曼滤波的必要设备。需要的增长，理论的出现，设备的保证，使卡尔曼滤波技术受到重视。并广泛应用到各个领域。卡尔曼滤波技术本身也有了很大发展。

2. DBSCAN算法

DBSCAN算法是基于密度的空间聚类算法，该算法利用基于密度的聚类（cluster）概念即要求聚类空间中的一定区域所包含的对象（点或其他空间对象）数目不小于某一给定值DBSCAN的显著优点是聚类速度快，且能够处理奇异点（outliers）和发现任意形状的空间聚类。

3. 社会力模型

社会力模型属于连续性模型，是基于多粒子自驱动系统的框架，假定组成人群的个体具有思考和对周围环境做出反应的能力，把人的主观愿望、人与人之间的相互关系以及人与环境之间的相互影响用社会力的概念来描述，运用一般的力学模型模拟步行者恐慌时的拥挤动力学，可精细地模拟人员密集场所人员之间相互冲撞、挤压的拥挤动力学，其缺点是模型复杂度高，模拟计算时间较长。

4. 慢特征分析

慢特征分析（Slow Feature Analysis，SFA），是一种无监督降维方法，被用来学习过程监控的时间相关表示。慢特征分析可用于通过监测稳态分布来检测与运行条件的偏差，也能应用于根据时间分布来识别过程的动态异常，在本章中利用该方法确定行人与车辆协同的行人特征参数。

2.5.2 生态驾驶行为识别涉及算法

1. 支持向量机（SVM）

SVM理论源于Vapnik在1963年提出的用于解决模式识别问题的支持向量方法。这种方法从训练集中选择一组特征子集，使得对特征子集的线性划分等价于对整个数据集的分割。这组特征子集称为支持向量（SV）。在此后近30年中，对SV的研究主要集中在对分类函数的改进和函数预测上。在1971年Kimeldorf提出使用线性不等约束重新构造

SV的核空间，解决了一部分线性不可分的问题，为以后的SVM研究开辟了道路。1990年Grace、Boser和Vapnik等人开始对SVM技术进行研究，并取得突破性进展。1995年，Vapnik提出了统计学习理论，较好地解决了线性不可分的问题，正式奠定了SVM的理论。

2.属性选择算法

本书共涉及四种属性选择算法。启发式（BestFirst）搜索算法采用动态搜索策略，能够对特征集合进行逐步优化，最终得到最佳的属性组合。贪心选择（Greedy）属性排序法的特征选择策略不仅简单而且高效，它基于属性的重要性对属性赋予特征权重从而进行排序，最终可以选择特征权重高的变量作为最佳的属性组合。以信息增益为依据的属性排序方法是基于信息论的典型属性选择方法，信息增益是信息论中的经典度量，它考虑了属性的不确定性，可以衡量不同属性对分类结果的影响程度。目前在决策树等算法中广泛使用。MIC属性排序法具有强大的特征选择能力，可以处理高维数据，它可以对属性之间的非线性关系进行捕捉，对于复杂的数据关系有着很好的应用。它通过最大化信息系数来衡量属性之间的相关性，代表了一种基于统计学的属性选择方法。

3.贝叶斯优化算法

贝叶斯优化算法（BOA）是一种基于贝叶斯概率模型的进化算法。贝叶斯网络是一无环有向图，它既可以对所给的数据进行描述，又可以产生与所给定数据性质相同的数据，因此常用于对离散或连续变量的多项式数据建模。利用贝叶斯网络求解问题的关键在于学习网络，学习网络是指找到一个网络，使之在约定的评价标准下，最好地匹配现有训练数据集。网络的评价标准说明网络所分析数据的好坏程度，也就是对网络质量的评价；搜索过程则是要寻找具有最高评价标准值的网络 BOA算法利用 Bayesian Dirichlet 评价标准和贪心算法建立和搜索网络。研究表明，BOA算法求解许多测试函数，包含高阶构造问题都得到了很好的优化结果。

2.5.3 车桩融合的生态驾驶路径规划算法

为融合车、桩的生态驾驶各项参数，本书使用的路径规划算法为Q-learning算法。

假设环境为有限状态的离散马尔可夫过程，智能系统在有限动作集合中选取某一动作，对于路径导航来说就是在每个路口选择不同的前进方向，环境接收该动作后状态发生改变并给出评价r。比如在时刻t采取动作a_t，环境状态s_t转移到s_{t+1}，给出评价r_t，r_t及s_{t+1}的概率分布取决于a_t及s_t。环境状态按照如下概率变换到s_{t+1}

$$prob[s=s_{t+1}/s_t,a_t]=p[s_t,a_t,s_{t+1}] \quad (2.26)$$

整个智能系统面临的任务式决定一个最优策略，使总的奖励期望值最大。在策略π的作用下，状态s的值为

$$Q^{\pi}(s_t)=r(\pi(s_t))+\gamma\sum_{s_{t+1}\in S}P[s_t,a_t,s_{t+1}]Q^{\pi}(s_{t+1}) \quad (2.27)$$

由于智能系统期望立即收到强化信号$r(\pi(s_t))$，然后一定概率移动到赋值为$Q^{\pi}(s_{t+1})$的一个状态。动态规划理论保证至少有一个策略π^*使得

$$Q^*(s_t)=Q^{\pi^*}(s_t)=\max_{a\in A}\left\{r(\pi(s_t))+\gamma\sum_{s_{t+1}\in S}P[s_t,a_t,s_{t+1}]Q^{\pi^*}(s_{t+1})\right\} \quad (2.28)$$

封闭厂区车桩联动节能实验平台构建

封闭厂区充电桩车桩联动电能替代及节能方法

3.1　引言

本章将首先通过车载采集设备，直接获取电动汽车SOC、速度、制动过程等基础数据。这些数据的来源就决定了其可靠性。其次将通过导航和激光相结合的方式感知车辆的外显状态，包括位置、速度、加速度等信息，由于导航和激光拥有互相参照对比的能力，使数据的准确性得以保障。最后通过视频监控信息获取车辆与环境的交互信息，特别是行人的行为特征。虽然视频方式取得的信息受限于分辨率、人工智能识别能力等多个因素，但由于它是车辆与环境在时间和空间上同步获取的唯一来源，其重要性不言而喻。

3.2　基于智能手机的车辆运动数据采集系统

3.2.1　基于智能手机的车辆运动数据采集系统

本书的车载数据采集使用的是本书开发的数据采集App，对车辆的SOC、实时功率、加速踏板、制动踏板、方向盘转角、速度、加速度、前轮转角、倾斜角、航向角、俯仰角、GPS定位等数据进行实时采集和传输。

本书的车载数据采集流程见图3-1。

CAN控制器局域网总线：是一种用于实时应用的串行通信协议总线，广泛应用于汽车、工业控制和其他领域的网络通信中。它是一种多主机、分布式控制系统的通信协议，具有高可靠性、实时性和抗干扰能力。车辆通常使用CAN总线作为内部通信网络，用于连接车辆的各个电子控制单元（ECU）。CAN总线可以传输车辆的各种数据，如车速、转向角、加速踏板、制动踏板等。

3 封闭厂区车桩联动节能实验平台构建

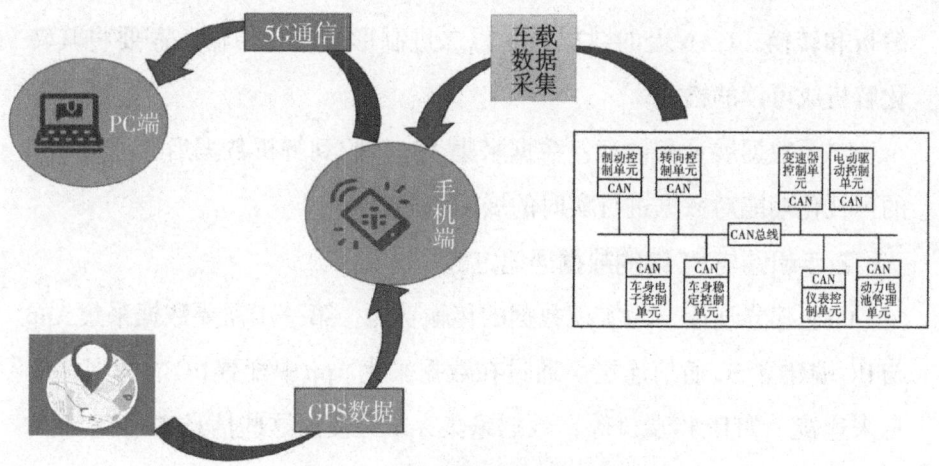

图3-1 车载数据采集与传输流程

5G通信技术：是第五代移动通信技术，具有更高的速度、更低的延迟、更大的容量和更可靠的连接。它采用更高的频率范围，提供更大的带宽，从而实现更快速的数据传输。5G通信技术支持多种应用场景，包括移动通信、物联网、工业自动化、智能交通等。

1. 手机与汽车CAN总线的通信过程

（1）硬件连接：是手机端和汽车CAN总线进行通信的第一步，OBD-II接口是一种标准的汽车诊断接口，通常位于车辆驾驶室内的驾驶员侧。通过OBD-II接口，手机可以直接连接到车辆的CAN总线，并与CAN总线上的ECU进行通信。

（2）数据请求：在数据请求阶段中，手机的数据采集App会发送数据请求到CAN总线上，对车辆的ECU进行数据访问请求，如对车辆的制动控制单元、仪表盘控制单元进行访问。

（3）数据接收：CAN总线上的ECU接收到数据请求后，会根据请求的类型和内容，将相应的数据发送至数据采集App。数据包括实时数据和历史数据。

（4）数据解析：数据采集App接收到数据后，需要对数据进行一个解析和转换，CAN上的数据通常以二进制形式进行传输，需要将其转化解析成可读的格式。

（5）数据展示和储存：数据采集App接收到解析数据后，通过App的可视化功能对数据进行实时的展示和储存。

2. 手机端与PC端的数据通信过程

（1）建立连接：为实现数据的传输功能，第一步需要数据采集App与PC端建立5G通信连接。通过在数据采集App中配置PC端的网络信息来连接，如IP和端口等，数据采集App会使用这些信息来建立与PC端的网络连接。

（2）数据封装：数据采集App将采集到的数据进行数据编码封装成特定的数据包，这些数据包中包含采集到的车辆行为数据和车辆设备状态信息。并且根据通信协议和数据格式规范对数据进行格式化，以便数据通过5G通信进行传输。

（3）数据传输：通过对PC端IP地址和端口进行匹配，数据包将通过5G通信功能发送到指定的IP地址和端口号，数据采集App会等待确认或响应，以确保数据的可靠传输。

（4）数据接收：PC端接收到来自数据采集App的数据包。PC端会监听指定的网络端口，接收数据采集App发送的数据包。PC端会根据通信协议和数据格式规范，解析和提取数据包中的数据。

（5）响应和反馈：PC端向数据采集App发送响应和反馈。包括确认数据接收、发送指令等操作。PC端会将响应和反馈封装成数据包，通过5G通信发送给App。

数据采集App通过与车辆的CAN总线进行通信获取到车辆数据，通过手机端的GPS模块对设备当前所在位置的地理坐标进行采集，通过手机上的陀螺仪、加速度计和磁力计等传感器对手机的方位信息进行采集，通过5G通信功能实现与PC端数据的实时传输。

3.2.2 地理坐标和手机坐标的匹配方法

本书使用欧拉角计算的方法来实现手机坐标方向和地理坐标方向的匹配,具体的匹配方法如下:

通过转换矩阵计算单元可以得到手机设备坐标系转化为参考坐标系的转换矩阵,其计算步骤如下:

(1)定义手机设备坐标系 $O_p(x_p, y_p, z_p)$ 与参考坐标系 $O_r(x_r, y_r, z_r)$ 见图3-2,手机设备坐标系以手机中心为原点,指向手机头部的为设备坐标系Y轴,指向手机右侧的为X轴,指向手机下部的为Z轴。参考坐标系以指向地图东侧为X轴,指向地图北侧为Y轴,指向大地为Z轴,两个坐标系负荷右手坐标系的定义,因此手机设备坐标记为 (x_p, y_p, z_p),参考坐标记为 (x_r, y_r, z_r)。

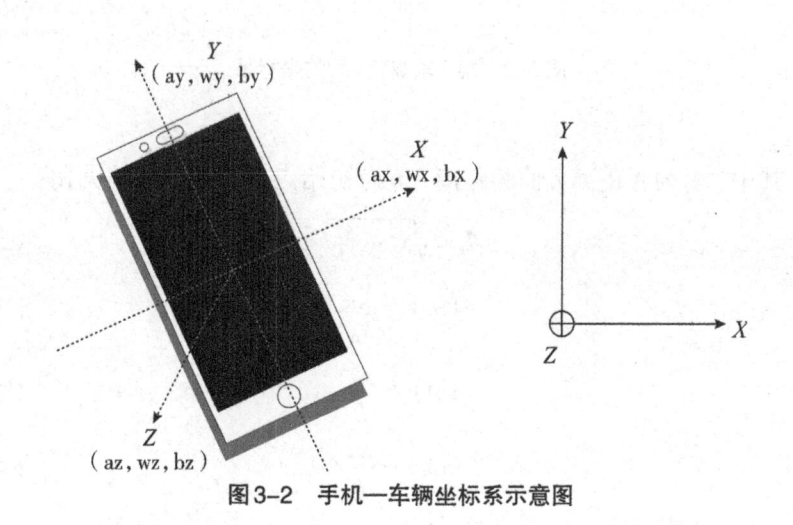

图3-2 手机—车辆坐标系示意图

(2)定义roll,yaw,pitch分别表示物体绕x、y、z的旋转角度,依次绕z、y、x旋转一个固定角度记为 α、β、γ,用三个四元数依次表示这三次旋转,其计算步骤如下:

计算绕Z轴旋转 γ 角度后的坐标与旋转矩阵,γ 即为偏航角(yaw):

053

设手机设备坐标系中存在 A(x_1,y_1,z_1)，绕 Z 轴旋转 α 角度后 B 点坐标 B(x_2,y_2,z_2)，将 A、B 两点投影至 O-X-Y 平面上，见图 3-3。

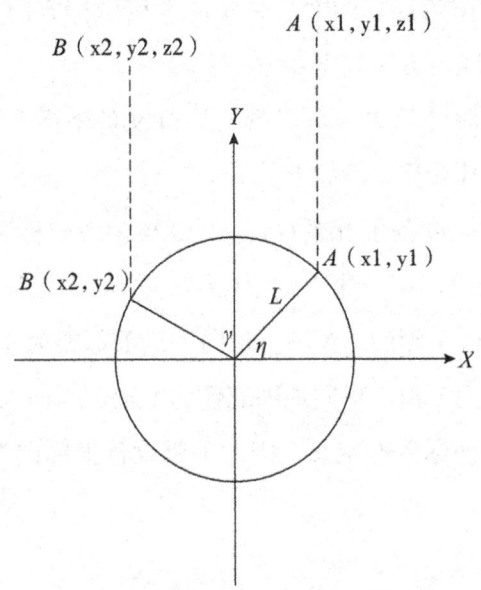

图 3-3 绕 Z 轴旋转 γ 后的坐标系

其中，L 为 A 距离 Z 轴的距离；η 为初始点 A 与 X 轴间的夹角；

$$L = \sqrt{x_1^2 + y_1^2} \tag{3.1}$$

$$\tan\gamma = \frac{y_0}{x_0} \tag{3.2}$$

$$\sin\gamma = \frac{y_0}{L} \tag{3.3}$$

$$\cos\gamma = \frac{x_0}{L} \tag{3.4}$$

$$x_2 = L\cos(\eta+\gamma) \tag{3.5}$$

$$y_2 = L\sin(\eta+\gamma) \tag{3.6}$$

$$z_2 = z_0 \tag{3.7}$$

使用余弦展开式计算得出：

$$x_2 = x_1\cos\gamma - y_1\sin\gamma \tag{3.8}$$

$$y_2 = x_1 \sin\gamma - y_1 \cos\gamma \qquad (3.9)$$

$$z_2 = z_1 \qquad (3.10)$$

即，得出 B 点坐标 $(x_1 \cos\gamma - y_1 \sin\gamma, x_1 \sin\gamma + y_1 \cos\gamma, z_1)$ （3.11）

$$R_Z(\gamma) = \begin{bmatrix} x_2 \\ y_2 \\ z_2 \end{bmatrix} = \begin{bmatrix} \cos\gamma & -\sin\gamma & 0 \\ \sin\gamma & -\cos\gamma & 0 \\ 0 & 0 & 1 \end{bmatrix} * \begin{bmatrix} x_1 \\ y_1 \\ z_1 \end{bmatrix} \qquad (3.12)$$

同理可求对绕 X 轴旋转 α 角度后的坐标及旋转矩阵，α 为俯仰角（pitch）：

$$(x_1, y_1 \cos\alpha - z_1 \sin\alpha, y_1 \sin\alpha + z_1 \cos\alpha) \qquad (3.13)$$

$$R_X(\alpha) = \begin{bmatrix} x_2 \\ y_2 \\ z_2 \end{bmatrix} = \begin{bmatrix} 1 & 0 & 0 \\ 0 & \cos\alpha & -\sin\alpha \\ 0 & \sin\alpha & \cos\alpha \end{bmatrix} * \begin{bmatrix} x_1 \\ y_1 \\ z_1 \end{bmatrix} \qquad (3.14)$$

同理可求对绕 Y 轴旋转 β 角度后的坐标及旋转矩阵，β 为滚转角（roll）：

$$(x_1 \cos\beta + z_1 \sin\beta, y_1, -x_1 \sin\beta + z_1 \cos\beta) \qquad (3.15)$$

$$R_Y(\beta) = \begin{bmatrix} x_2 \\ y_2 \\ z_2 \end{bmatrix} = \begin{bmatrix} \cos\beta & 0 & \sin\beta \\ 0 & 1 & 0 \\ -\sin\beta & 0 & \cos\beta \end{bmatrix} * \begin{bmatrix} x_1 \\ y_1 \\ z_1 \end{bmatrix} \qquad (3.16)$$

此时，

$$\begin{aligned}
R(\alpha,\beta,\gamma) &= R_Y(\beta) R_X(\alpha) R_Z(\gamma) \\
&= \begin{bmatrix} \cos\beta & 0 & \sin\beta \\ 0 & 1 & 0 \\ -\sin\beta & 0 & \cos\beta \end{bmatrix} * \begin{bmatrix} 1 & 0 & 0 \\ 0 & \cos\alpha & -\sin\alpha \\ 0 & \sin\alpha & \cos\alpha \end{bmatrix} * \begin{bmatrix} \cos\gamma & -\sin\gamma & 0 \\ \sin\gamma & -\cos\gamma & 0 \\ 0 & 0 & 1 \end{bmatrix} \\
&= \begin{bmatrix} c1 & 0 & s1 \\ 0 & 1 & 0 \\ -s1 & 0 & c1 \end{bmatrix} * \begin{bmatrix} 1 & 0 & 0 \\ 0 & c2 & -s2 \\ 0 & s2 & c2 \end{bmatrix} * \begin{bmatrix} c3 & -s3 & 0 \\ s3 & c3 & 0 \\ 0 & 0 & 1 \end{bmatrix} \\
&= \begin{bmatrix} c1c3+s1s2s3 & c3s1s2-c1s3 & c2s1 \\ c2s3 & c2c3 & -s2 \\ c1s2s3-s1c3 & s1s2+c1c3s2 & c1c2 \end{bmatrix}
\end{aligned}$$

（3.17）

其中，

$c1=cos\beta, s1=sin\beta, c2=cos\alpha, s2=sin\alpha, c3=cos\gamma, s3=sin\gamma$，

（3）定义四元数 $q=w+xi+yj+zk$，其中 $|q|^2=w^2+x^2+y^2+z^2=1$；

通过旋转轴和绕该轴旋转的角度可以构造一个四元数：

$$\begin{cases} w = \cos(\theta/2) \\ x = \sin(\theta/2)\cos(\varphi_x) \\ y = \sin(\theta/2)\cos(\varphi_y) \\ z = \sin(\theta/2)\cos(\varphi_z) \end{cases} \quad (3.18)$$

其中 θ 是一个简单的旋转角（旋转角的弧度值），而 $\cos(\varphi_x)$、$\cos(\varphi_y)$、$\cos(\varphi_z)$ 是定位旋转轴的"方向余弦"（欧拉旋转定理）。

由于四元数旋转操作的不同，最终得出的结果也不同，所以在本项目中定义四元数的旋转操作是先绕 Z 轴旋转 γ 角度，再绕 Y 轴旋转 β 角度，最后绕 X 轴旋转 α 角度，由于在实际中旋转的角度是四元数在空间坐标中的两倍，因此在计算四元数的过程中使用的角度皆为原来的一半。

$$\begin{bmatrix} w \\ x \\ y \\ z \end{bmatrix} = \begin{bmatrix} \cos\gamma/2 \\ 0 \\ 0 \\ \sin\gamma/2 \end{bmatrix} * \begin{bmatrix} \cos\beta/2 \\ 0 \\ \sin\beta/2 \\ 0 \end{bmatrix} * \begin{bmatrix} \cos\alpha/2 \\ \sin\alpha/2 \\ 0 \\ 0 \end{bmatrix}$$

$$= \begin{bmatrix} \cos(\frac{\alpha}{2})\cos(\frac{\beta}{2})\cos(\frac{\gamma}{2}) + \sin(\frac{\alpha}{2})\sin(\frac{\beta}{2})\sin(\frac{\gamma}{2}) \\ \sin(\frac{\alpha}{2})\cos(\frac{\beta}{2})\cos(\frac{\gamma}{2}) - \cos(\frac{\alpha}{2})\sin(\frac{\beta}{2})\sin(\frac{\gamma}{2}) \\ \cos(\frac{\alpha}{2})\sin(\frac{\beta}{2})\cos(\frac{\gamma}{2}) + \sin(\frac{\alpha}{2})\cos(\frac{\beta}{2})\sin(\frac{\gamma}{2}) \\ \cos(\frac{\alpha}{2})\cos(\frac{\beta}{2})\sin(\frac{\gamma}{2}) + \sin(\frac{\alpha}{2})\sin(\frac{\beta}{2})\cos(\frac{\gamma}{2}) \end{bmatrix} \quad (3.19)$$

（4）根据 Z-X-Y 顺序旋转矩阵可以求出当前行驶的欧拉角：

$$\begin{cases} \alpha = \arcsin[2(wy-xz)] \\ \beta = \arctan 2[2(wx+yz), 1-2(x^2+y^2)] \\ \gamma = \arctan 2[2(wx+yz), 1-2(y^2+z^2)] \end{cases} \quad (3.20)$$

由于 arctan 求出来的角度取值范围为（$-\pi/2$，$\pi/2$），而欧拉角的取值范围为（$-\pi$，π），因此使用 atan2(x, y) 函数来对欧拉角进行计算，atan2(x, y) 函数如下所示。

$$\mathrm{acr\,tan}\,2(x,y)=\begin{cases}\arctan(\dfrac{y}{x}) & x>0\\[4pt] \arctan(\dfrac{y}{x})+\pi & y\geqslant 0,x<0\\[4pt] \arctan(\dfrac{y}{x})-\pi & y<0,x<0\\[4pt] \dfrac{\pi}{2} & y>0,x=0\\[4pt] -\dfrac{\pi}{2} & y<0,x=0\\[4pt] undefine & y=0,x=0\end{cases} \quad (3.21)$$

3.2.3 异常值的预处理方法

在本书中的数据采集过程中，可能会出现由于环境干扰、传感器故障、数据传输丢包等因素导致数据值出现异常和丢失的情况，故需要对数据进行修复和校正。本书使用卡尔曼滤波对异常数据进行修正。

卡尔曼滤波是一种高效的自回归滤波器，用于在包含噪声和不完整测量值的时间序列数据中预测系统的动态状态。相比于仅使用单个测量值进行预测的方法，卡尔曼滤波能够根据测量值的联合分布，对未知数进行更准确的估计。该滤波器基于状态矩阵，将定位数据作为输入，并输出系统状态的预测数据。通过建立输入和输出之间的关系，结合预测方程和测量方程，卡尔曼滤波器能够计算系统状态的值。卡尔曼滤波器的运算过程包括状态预测方程、状态观测方程和递归方程三个部分。在时刻 k-1 到 k，卡尔曼滤波的计算过程如下：

状态预测方程：

$$X_k = AX_{k-1} + Bu_k + w_k \tag{3.22}$$

X_k 表示 k 时刻系统的状态向量，A 为状态转移矩阵，B 为输入增益矩阵，w_k 为均值为0，协方差矩阵为 Q，且服从正态分布的过程噪声。

状态观测方程：

$$Z_k = HX_k + v_k \tag{3.23}$$

Z_k 表示 k 时刻系统的观测向量，H 为测量矩阵，v_k 为均值为0，协方差矩阵为 R，且服从正态分布的测量噪声。

卡尔曼滤波有等速模型（CV），等横摆角速度模型（CTRA）等加速度模型（CA）三种常见的运动学模型。CTRA模型相较于CA模型，虽计算精度稍有提升，但计算量却大幅增加，本书综合考虑计算效率与计算精度，选择CA模型作为卡尔曼滤波的运动学模型，结合状态预测方程，X_k 可以表示为：

$$X_k = AX_{k-1} + w_k \tag{3.24}$$

x_t、x'_t、x''_t 表示的是系统在 t 时刻 x 方向的位置、速度及加速度，y_t、y'_t、y''_t 表示的是 y 方向的位置、速度及加速度。

递归方程：

利用k-1时刻的状态值去预测k时刻的系统的线性估计值：

$$\hat{x}' = A\hat{x}_{k-1} + Bu_k \tag{3.25}$$

由上一时刻误差协方差和系统噪声Q预测到的新的方差为：

$$P'_k = AP_{k-1}A^T + Q \tag{3.26}$$

状态校正过程：

$$K_k = P'_k H^T (HP'_k H^T + R)^{-1} \tag{3.27}$$

$$\hat{x}_k = \hat{x}'_k + K_k(Z_k - Hx'_k) \tag{3.28}$$

更新状态协方差估计：

$$P_k = (1 - K_k H)P'_k \tag{3.29}$$

$\hat{x}_k$为卡尔曼估计值，$\hat{x}$为预测值，P_k为卡尔曼估计误差协方差矩阵，P'_k为预测误差协方差矩阵，K_k为卡尔曼增益。

见图3-4，图中虚线为一个减速过程中的真实速度曲线图，实线为采集传输至PC端的数据曲线图，圆点线表示经过卡尔曼滤波过滤后的速度曲线图。从图中可以看出，数据采集的过程中，常常伴随着噪声干扰。使得部分数据出现了误差，使用卡尔曼滤波可以有效地修正数据。

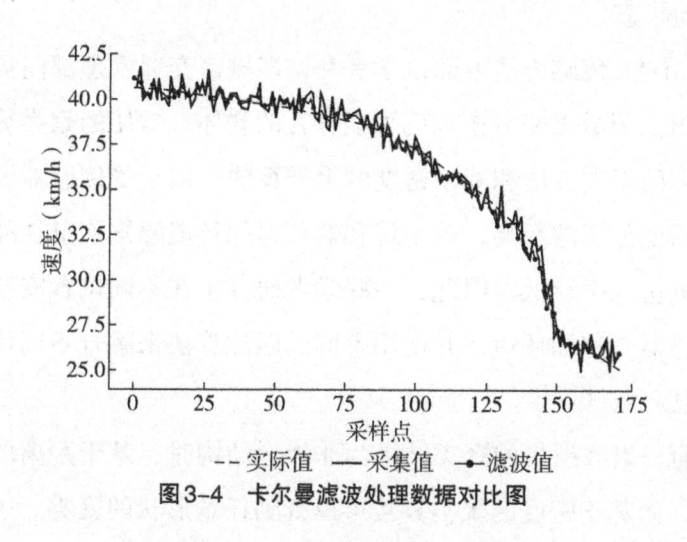

图3-4 卡尔曼滤波处理数据对比图

3.3 基于导航和激光系统融合的交通信息采集系统

为实现交通系统生态驾驶感知与控制，需要实现车辆和基础设施感知对象信息的匹配。车辆到基础设施（V2I）系统是解决这些问题的关键。然而，作为V2I系统的基础，车辆和基础设施感知对象信息的准确匹配仍然没有定论。随着V2I系统的发展，高精度、高可靠性传感器在车辆和基础设施上的搭载，使得车辆和道路更加智能化，车辆定位信息获取方式更加多样化，物体识别更加准确。目前，车辆上常用的传感器有雷达、全球导航卫星系统（GNSS）、惯性导航系统（INS）、摄像头等。基础设施上常用的传感器包括摄像头和激光雷达。信息获取方式的不同，导致数据分析方法的多样化。所获得的车身信息包括速度、加速度、位置信息、航向角等。位置信息的获取方法主要有惯性导航、里程计、同步定位与测绘、基于GNSS的实时运动学（RTK）定位方法和基于光探测与测距（LiDAR）的高精度地图匹配定位方法。基础设施常用摄像头和激光雷达获取图像视频信息和点云数据分析车辆的运动状态。

在LiDAR传感方法方面，学者和许多城市交通管理部门提出了聚类LiDAR点云数据来分析周围可能存在的物体。常用的聚类算法包括基于距离的聚类算法和基于密度的聚类算法。由于受传感器设备采样频率和精度范围的影响，单个传感器获得的环境感知信息往往不全面或数据分析效率较低。因此，一些学者研究了在不同位置安装更多类型的传感器来感知环境，并使用不同的匹配算法来融合不同传感器的感知信息。

然而，当数据集的聚类结果为非球形结构时，基于距离的聚类效果较差，而基于密度的聚类算法可以找到任意形状的聚类。因为它在数据集中寻找被低密度区域分隔的高密度区域，所以分隔的高密度区域被视为一个独立的类别。因此，本书采用DBSCAN算法对点云数据进行聚类，从点云数据中提取目标信息，采用单遍算法对车辆和目标信息进行匹配，获得车辆在行驶过程中所处的周围环境目标信息。本书的主要创新点总结如下：

（1）使用集成导航系统收集车辆传感器信息。

（2）提出了一种利用DBSCAN算法对位于道路两侧的多个LiDAR传感器获得的过滤后的点云数据进行聚类的方法，以获得驾驶环境中的动态目标信息，见表3-1。

（3）提出一种改进的单遍算法，实现车辆感知信息与基础设施感知信息的融合，将车辆感知与基础设施感知对象进行关联匹配。

（4）最后验证了算法的准确性和有效性。

本节的其余部分组织如下：3.3.1介绍资料和方法，包括车辆传感数据集、基础设施传感方法和数据集、关联匹配方法和融合数据集。3.3.2给出了实验结果并进行了讨论。3.3.3给出了结论。

3.3.1 资料和方法

1. 车辆传感器信息收集

车载平台配备综合导航系统设备，是采集车辆运动信息的主要方法。综合导航系统集成了全球导航卫星系统（GNSS）和惯性导航系统（INS）来估计和测量车辆的运动和姿态。综合导航系统通过内置惯性测量单元测量车辆的运动状态和姿态，并将与GNSS耦合得到的运动状态和姿态转换为全局坐标系。其主要工作原理见图3-5。

配置综合导航系统设备后，可根据车辆当前位置输出INSPVAXA语句，获取车辆当前对应的位置信息。在本书中，设备获取车辆的经纬度、航向角、向北速度（纵向速度）、向东速度（横向速度），计算出车辆的绝对位置、行驶速度和航向角。车辆位置用于后续与基础设施LiDAR感测目标的关联和匹配，而行驶速度、航向角等用于表示车辆的运动行为。但由于无法直接获得加速度，本书使用加速度定义公式计算两帧之间的采集时间差和相应的速度。计算公式如下：

$$a_t = \frac{v_t - v_{t-1}}{\Delta t} \quad (3.30)$$

式中 a_t 为待计算的加速度，v_t 为当前时刻输出的速度值，v_{t-1} 为前一刻输出的速度值，Δt 为两个时刻的时间差。

图3-5 综合导航示意图

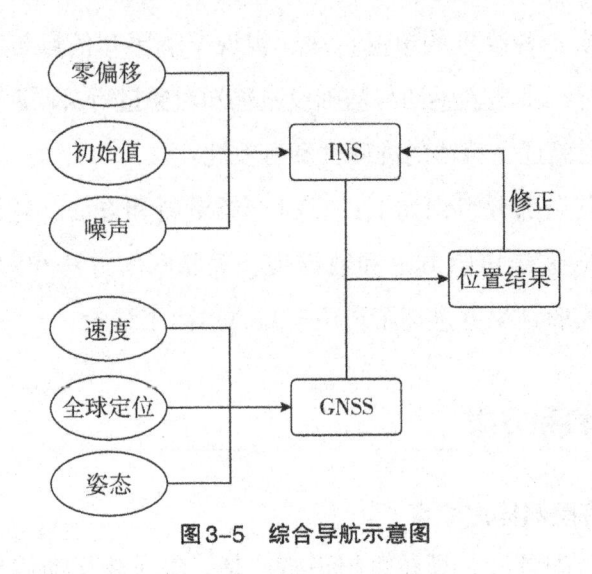

表3-1 车辆数据集的主要字段

变量名称	描　　述
采样率	以每秒为时间窗进行数据采集
速度	当前速度（km/h）
加速度	当前加速度（m/s^2）
方向盘转向	车辆方向盘转角
经度	来源WGS84系统
纬度	来源WGS84系统

　　车辆使用的综合导航系统获得的经纬度根据世界大地测量系统-1984坐标系（WGS84坐标系）进行转换。对于车辆驾驶，一般将驾驶环境视为二维平面坐标系。因此，为了便于后续的计算和处理，需要将经纬度坐标所在的地理坐标系转换为平面投影坐标系。目前常用的平面直角坐标系是通用横墨卡托网格系统（UTMGS）。该坐标网格系统及其投影已广泛应用于地形图表示和高精度地图。坐标变换的方

式与本章的其他节相同。

上文主要介绍了车辆信息采集的设备和方法。通过车载综合导航系统，可以获得车辆在当前时刻的绝对坐标、纵向速度、横向速度、纵向加速度、横向加速度、航向角等信息。

2. 基于DBSCAN的基础设施激光雷达传感方法

在本书中，基础设施部署了多个激光雷达来收集环境信息，感知物体的运动状态，并补充车辆无法感知的周围物体信息。激光雷达以获取的点云数据为主要感知方式，感知基础设施周围的交通环境。

由于多台激光雷达布置在基础设施的不同位置，不同视角下获得的点云数据不一致，因此需要同步多台激光雷达之间的空间关系。多个基础设施激光雷达的位置由全球定位系统（GPS）设备测量。然后进行偏移量计算，将多台激光雷达获得的点云数据统一到一定的视角，构建的驾驶地图即可获得保证时间同步的多台激光雷达点云数据。此外，点云数据与车辆传感器信息的空间关系需要处于同一坐标系，因此点云数据也被转换为UTMGS。由于地理环境是静态信息，与车载LiDAR所在的动态交通环境相比，原始点云是通过环境高度和车道线距离信息进行过滤的。本书将感知范围限制在固定区域内，剔除高度大于1.8米小于0.5米的点云，过滤车道外环境信息。本书采用DBSCAN算法对过滤后的点云数据进行聚类，获得动态目标信息。

DBSCAN是一种基于密度的空间聚类算法。该算法将具有足够密度的区域划分为簇，并在噪声空间数据库中找到任意形状的簇，将簇定义为密度连接点的最大集合。该算法输入过滤后的当前帧点云，输出聚类。DBSCAN算法流程如下：

```
算法：DBSCAN 滤波后的激光点云算法

输入：Current frame point cloud P after filtering
输出：Cluster set C

首先将当前帧的点云 P 中的所有对象标记为未处理
for ( Each point p in the point cloud P of the current frame ) do
    if ( p has been vest in a cluster or marked as noise ) then
        continue;
    else
        check the point p's Eps neighborhood NEps (p);
        if ( NEps (p) contains objects less than MinPts ) then
            Mark the object p as a noise point;
        else
            Mark the object p as the core point, establish a new
Cluster C, and add all points in the neighborhood of p to C
            for ( all unprocessed points q in NEps (p) ) do
                Check its Eps neighborhood NEps (q), if NEps (q)
contains at least MinPts objects, add the objects in NEps (q) that are not
classified into any cluster into C;
            end for
        end if
    end if
end for
```

经过 DBSCAN 聚类，可以得到交通环境中存在的目标信息，目标中心点和目标类型信息见表3-2。这些时间和空间同步的机载传感数据和基础设施传感数据可用于后续的目标关联匹配算法。

表3-2 基础设施数据集的主要字段

变量名	描述
采样率	以每100 ms为采样间隔
X 轴位置	统一横轴 Mercartor 网格系统的值
Y 轴位置	统一纵轴 Mercartor 网格系统的值
类型	车辆/行人

3. 基于单遍算法的对象关联匹配方法

通过车载综合导航系统获取车辆运动信息，通过基础设施多路激光雷达采集装置采集周围动态物体的坐标和尺寸信息。但是，如果将基础设施感知信息直接发送给车辆，则实验车辆本身与感知对象信息会发生重叠，因此需要进行关联匹配，得到包含实验车辆的车路融合信息数据集。

在一个时间窗口内，通过综合导航系统获得实验车辆的位置 $pt=\{x_t,y_t\}$，基础设施多激光雷达传感器获得多个感知对象集 $C=\{cn=(x_n,y_n)|n\in\{1,\cdots,cn\}\}$。需要将车辆位置 p_t 与感知对象集 C 中的多个对象进行关联匹配，实现感知对象集 C 中车辆位置 p_t 的空间同步融合。在两组数据中，基础设施上的多激光雷达感知对象可能会失去对实验车辆对象的感知。而车载综合导航感知的实验车辆的位置也会发生定位漂移。然而，车载感知信息和基础设施感知信息可以相互补充或匹配融合重复对象。

单遍算法是文本数据处理领域中流文本数据聚类的经典方法；处理速度快，适合处理实时数据。该算法确定新样本与现有类之间的相似度。如果足够相似，则将新样本放入该类；否则，新的样本将成为一个独立的类别。

在本书中，该算法按照时间顺序，每次处理一个时间窗口的车辆位置。根据当前车辆位置与现有基础设施感知对象集的比较，判断该位置是基础设施感知对象集中的对象之一还是新对象。将当前时刻获得的目标集作为待关联匹配集，与当前时刻获得的车辆位置进行匹配，以区分当前时刻目标集中哪辆车是实验车辆。由于单遍算法设置的阈值T是一个固定值，因此坐标不能很好地匹配。本书对单遍算法进行了改进，根据前一时刻得到的车速对阈值T进行加权，然后得到动态阈值T，以获得更好的关联匹配效果。改进过程如下：

算法：改进的单遍算法

输入：speed at last moment v_{t-1}, current vehicle position pt={ x_t, y_t}, the object position set of roadside perception C={ c_n = (x_n, y_n) | n ∈ {1,…,C_n}}, initialized weight a

输出：object set after association matching C_{new}

Initialize the approximate token o to 0
Threshold T=fixed value T_p+a*V_{t-1}
for (the not calculated objects in C (c_n)) do
    Calculate the similarity between pt and cn: d
        if (d is less than the threshold T) then
            jump over
        else
            pt is assigned to c_n, marked with cn as the experimental vehicle position, and marked with o as 1
        end if
end for
if o is 0 then
    pt joins C as a new node
end if
Use the resulting C as C_{new}

该算法比较了实验车辆位置与基础设施感知对象集的相似度。如果相似度超过阈值，则认为匹配成功。如果最终匹配不成功，则将实验车辆位置分类为新的类别，表明实验车辆未被基础设施感知，并且需要将该位置作为车辆位置信息添加到感知结果中（见表3-3）。

表3-3 车辆—基础设施融合信息数据集

变量	描述
采样率	以每100 ms为采样间隔
X轴位置	统一横轴Mercartor网格系统的值
Y轴位置	统一纵轴Mercartor网格系统的值
类型	车辆/行人

续表

变量	描述
匹配目标	车辆/行人 ID
经度	WGS84经纬度系统
纬度	WGS84经纬度系统
速度	当前速度（km/h）
加速度	当前加速度（m/s^2）
方向盘转角	车辆转向角

3.3.2 实验结果和讨论

LiDAR的部署位置及相关道路见图3-6，LiDAR的物理安装见图3-7。车辆使用BDStar导航公司生产的Npos220微机械综合导航系统设备，基础设施使用Velodyne hp-16激光雷达设备。本实验采用Velodyne的多路LiDAR驱动器进行时间同步，通过光纤和开关同时激活4个LiDAR传感器。激光雷达数据由机器人操作系统（ROS）收集。利用ROS环境中的UTexas-Art-ROs-PKG包中的坐标函数实现坐标到UTM坐

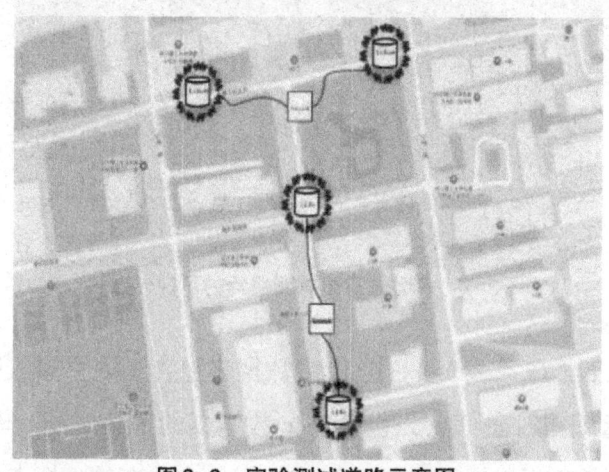

图3-6 实验测试道路示意图

标系的转换。

由于采集道路是校园道路的一部分，激光雷达无法完全覆盖车辆行驶的完整轨迹，因此我们只分析在激光雷达可以覆盖的路段采集的数据。本实验共进行了12次测试采集，数据集依次标记为测试数据集1~12。车辆LiDAR覆盖区域共记录了116.3分钟的驾驶数据。得到车辆信息数据集和基础设施感知信息数据集，剔除无效点后，车辆12次的平均采集时间为580秒。在本实验中，通过对车辆信息数据集和路边感知信息数据集进行采样，在100毫秒的时间窗内获得69807条记录。然后，根据本书提出的目标关联匹配算法获得融合信息数据集。

空间同步后的LiDAR原始点云数据经过滤波后可以得到每个时间段的目标信息，在ROS环境下使用RVIZ软件进行可视化。多路激光雷达探测T型路口测试截面上的目标见图3-7。在该帧中检测到20多个目标，包括位于中心底部的测试车辆。这些检测到的物体在ROS环境中以Marker Array的形式输出，其中包含物体中心点在x方向上的距离和平面直角坐标系中在y方向上的距离。

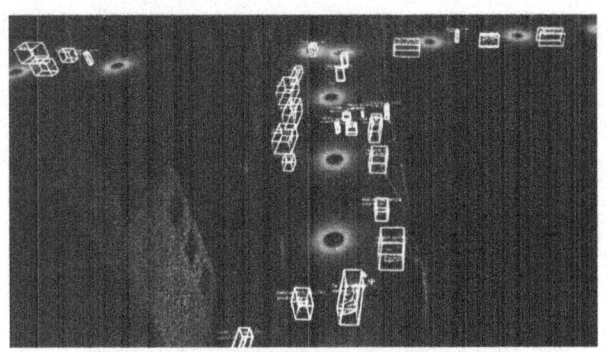

图3-7 多激光雷达探测目标的可视化显示

数据集1到12见表3-4。这12组数据集包含车辆感知信息和基础设施激光雷达感知对象信息，包括每个数据集的采集时间、车辆信息数据集中的有效坐标点个数和基础设施数据集中的有效坐标点个数。

表3-4　12个数据集的描述

数据集名称	采集时长（s）	车辆数据集点	基础设施数据集点
数据集1	578.7	5565	5182
数据集2	612.2	6021	5932
数据集3	557.7	5298	5113
数据集4	582.6	5492	5576
数据集5	591.1	5721	5819
数据集6	572.3	5573	5617
数据集7	582.2	5682	5753
数据集8	584.2	5670	5792
数据集9	592.1	5771	5495
数据集10	584.2	5664	5375
数据集11	568.8	5394	5481
数据集12	574.6	5513	5348

采用改进的单遍算法对两个数据集进行匹配。该算法需要设置一个初始固定阈值Tp，用于判断两个对象之间的相似度，并根据权重结合动态速度值计算阈值T。阈值T用于判断车辆综合导航获得的坐标信息与基础设施多路激光雷达感知到的目标坐标信息集C元素之间的相似度。在本次实验中，由于校园内的车速控制在25km/h以内，即6.94m/s，为了使V2I信息的关联匹配误差尽可能小，本书将固定阈值Tp设置为0.5m，超过0.5m的点明显为无效点。将速度值的权值A设置为0.1，即在估计阈值上增加0~0.694的偏差。

因此，多激光雷达感知到的其他目标信息被传输到车辆中，以补偿周围的驾驶环境，特别是视野的盲区。图3-8为第三次试验中车辆与基础设施信息融合后的车辆轨迹。融合后的飞行器轨迹相对平滑。

（a）　　　　　　　　　　（b）

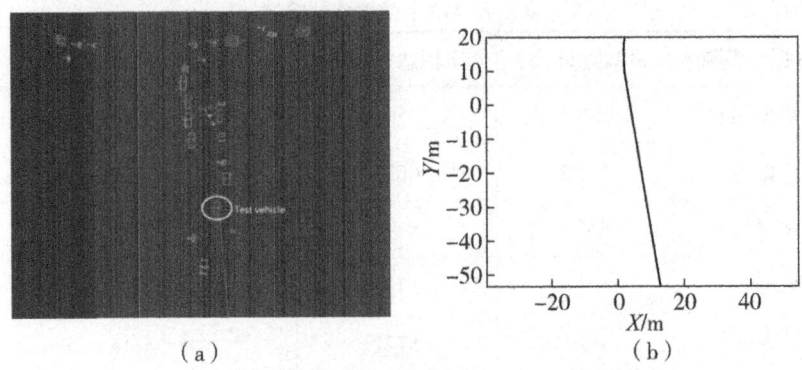

图3-8　通过车辆与基础设施信息融合获得车辆轨迹

3.3.3　结果验证

为了验证改进的单遍算法的准确性，本书以融合信息数据集的车辆轨迹作为测试数据集，以综合导航系统数据集的车辆轨迹作为真值。从匹配数据中筛选具有时间序列的实验飞行器轨迹信息进行精度计算，并与匈牙利算法、KM算法和NN算法进行比较。

图3-9为本书提出的改进单遍算法与匈牙利算法、KM算法和最近邻算法的对比结果。从图中可以看出，本书提出的改进的单遍算法对真实轨迹的准确率为0.937，比其他关联匹配算法分别高出6.60%、

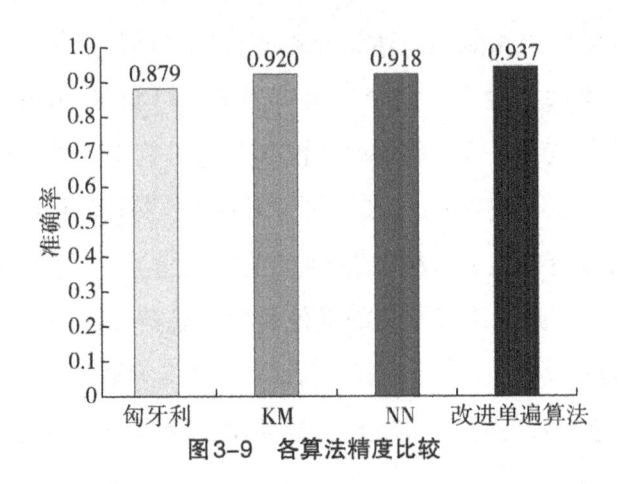

图3-9　各算法精度比较

1.85%和2.07%。

为了进一步比较本书提出的目标关联匹配算法与其他目标关联匹配算法在V2I环境下车辆运动状态序列中的有效性，本书采用曲率指标对融合后的车辆轨迹数据进行对比分析。用曲率来比较轨迹间的平滑度。轨迹的曲率平均值越温和，轨迹中连续坐标的跳跃度越低。为了进一步比较本书提出的目标关联匹配算法与其他目标关联匹配算法在V2I环境下车辆运动状态序列中的有效性，本书采用曲率指标对融合后的车辆轨迹数据进行对比分析。用曲率来比较轨迹间的平滑度。轨迹的曲率平均值越温和，轨迹中连续坐标的跳跃度越低。

为了计算轨迹点的曲率，本书用三个点来确定圆锥曲线的曲率。$P=\{P_i(X_i,Y_i) | i \in (1,\cdots,n)\}$是对象的集合点轨迹。N是轨迹点的个数。在计算某点的曲率$P_i(X_i,Y_i)$，有必要取前面点$P_k(X_k,Y_k)$，后者点$P_j(X_j,Y_j)$计算。对于前一点和后一点，本书采用滑动时间窗进行选点操作。该算法通过设置时间窗g来平滑曲率计算中可能出现的跳跃点，并拟合每个点的曲率变量。平滑点的公式如下：

$$C_i = \begin{cases} C_{2,i} = 1 \\ F(P_1, P_i, P_{i+g}), 1 < i \leqslant g, i+g \leqslant n \\ F(P_1, P_i, P_n), 1 < i \leqslant g, i+g \geqslant n \\ F(P_{i-g}, P_i, P_{i+g}), i > g, i+g \leqslant n \\ F(P_{i-g}, P_i, P_n), i > g, i+g \geqslant n \end{cases} \quad (3.31)$$

其中g为时间窗大小，$F(P_k, P_i, P_j)$为通过P_k、P_j轨迹计算点P_i轨迹曲率的函数。

在本书中，P_i的曲率通过给定的三个点P_k, P_i, P_j的方程算出，从而计算每个轨迹点的曲率。方程如下：

$$C = \frac{x_i'' y_i'' - x_i' y_i''}{[(x_i')^2 + (y_i')^2]^{\frac{3}{2}}} \quad (3.32)$$

图3-10比较了改进的单遍算法、匈牙利算法、KM算法和NN算法在用于表征车辆轨道平整度的测试数据集1和测试数据集2上对应的曲率分布。测试数据集1和测试数据集2是在一条直线道路上相对直线行驶获得的。结果表明，匈牙利算法的精度不高，得到的车辆轨迹曲率波动很大。KM算法和NN算法的曲率波动较大，因此误差较大。而本书提出的改进单遍算法总体上波动很小且平滑，说明车辆轨迹曲率更接近真实值，因此该算法可以更准确地完成V2I环境下的目标关联匹配。

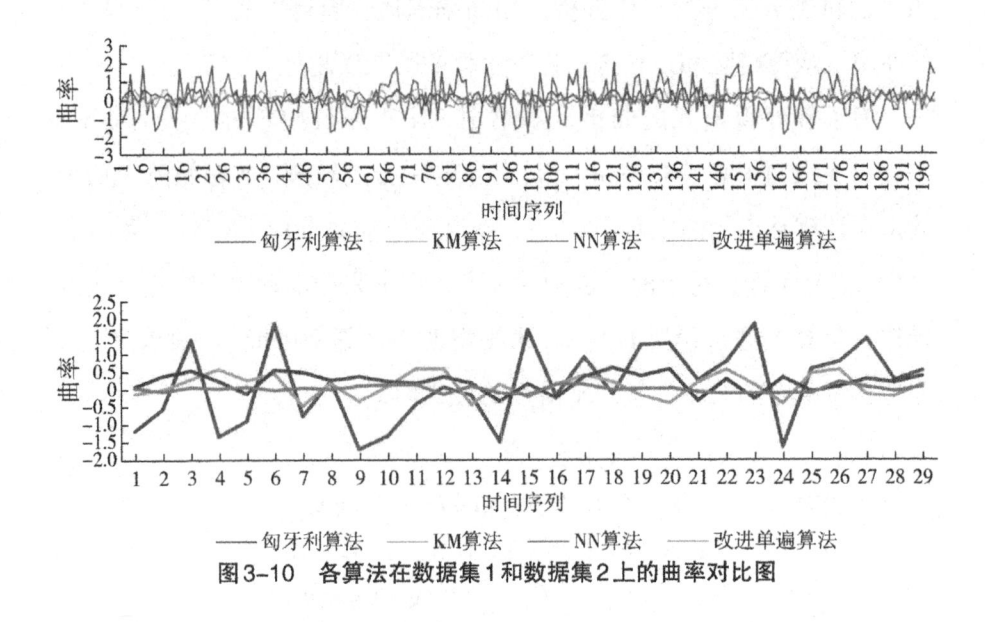

图3-10 各算法在数据集1和数据集2上的曲率对比图

由于曲率的大小不能完全作为轨道间平滑度比较的绝对因素，我们进一步比较了各种方法得到的曲率均值、方差和标准差等指标。均值可以比较轨迹曲率均值之间的差值，反映轨迹整体曲率的期望值。方差是基于概率论的随机变量，是对轨迹曲率弥散程度的度量。标准偏差反映了轨迹中每个点曲率之间的分散程度。各统计指标的计算结果见表3-5。结果表明，本书提出的改进单遍算法得到的均值、方差和标准差分别为0.0087、0.0054和0.0735，更接近车辆运动状态的真实值，表明该算法可以有效地计算V2I环境下的车辆运动状态。

表3-5 不同算法曲率统计指标

指数	匈牙利算法	KM算法	NN算法	改进单遍算法	真值
Mean Value	0.0550	0.0398	0.0236	0.0087	0.0028
Variance	0.0518	0.0376	0.0170	0.0054	0.0031
Standard Deviation	0.2276	0.1939	0.1304	0.0735	0.0554

3.4 基于视觉的交通信息采集系统

3.4.1 基于社会力的行人行为模型

对整个交通系统而言，优先级最大的是行人（或者推行状态下的非机动车），其次是非机动车。对于参与交通过程的车辆而言，车辆附近行人或者非机动车的行为对车辆驾驶员的决策产生影响，引发驾驶员采取刹车、加速超越或者变道避让等行为。对于行人或者非机动车的行为预测，有非常经典的"社会力"模型，该模型由Dirk Helbing and Peter Molnar提出于1995年，至今仍广泛应用于行人及非机动车行为预测。本节将基于社会力模型分析行人行为，并在后续应用到整个决策系统。

1. 社会力概念

在考虑全部因素的自然条件下，或者复杂的场景建模中，人类的行为处于混沌态。但在相对较为简单的场景并仅考虑主要因素的建模中，比如处于道路附近行人的行为，则呈现一定的趋同性，可以通过群体的视角建立个体的随机行为模型。这个想法被气体动力学行人模型所遵循。

Lewin提出了另一种模拟行为变化的方法。根据他的观点，行为变化是由所谓的社会领域或社会力量引导的。接下来，我们将探讨这个方法如何应用于行人行为的描述。

图3-11给出了行人行为改变的决策过程。这个决策过程假定人始终以效用最大化为决策原则，根据个人倾向和感官刺激改变行为。

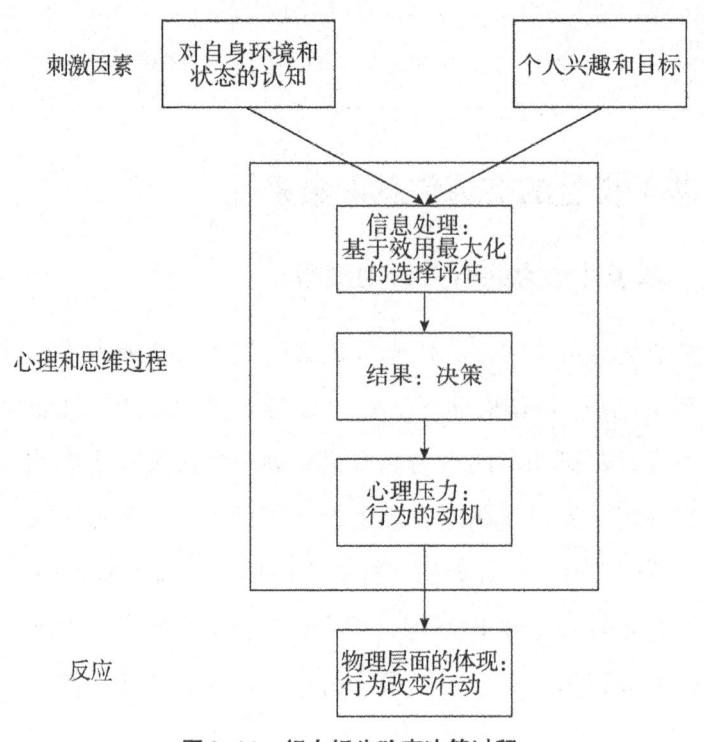

刺激因素：对自身环境和状态的认知 / 个人兴趣和目标

心理和思维过程：
- 信息处理：基于效用最大化的选择评估
- 结果：决策
- 心理压力：行为的动机

反应：物理层面的体现：行为改变/行动

图3-11 行人行为改变决策过程

表3-6建议将刺激分为可预测的简单或标准情况、复杂情况或可以用概率模型建模的新情况。然而，由于行人习惯了通常面临的情况，所以反应通常是下意识的，并由其经验决定哪种反应是最好的。因此，有可能把行人的行为规则放入运动方程中。根据这个方程，行人 a 的首选速度 $\vec{\omega}_a(t)$ 的系统时间变化 $d\vec{\omega}_a/dt$ 由矢量 $\vec{F}_a(t)$ 描述，可以解释为社会

力。显然，这个力必须代表环境（如其他行人或边界）对所描述的行人行为的影响。然而，社会力量并不是由环境直接施加在行人身上的，它是由环境和行人行为习惯共同作用形成的，描述行动的具体动机的虚拟量。在行人行为的情况下，这种动机唤起了加速或减速力的物理产生，作为对行人获得的关于其环境的感知信息的反应见图3-11。总之，可以说行人的行为好像会受到外力的影响。

表3-6 根据复杂程度分类的行为

刺激	简单或常规情况	复杂或突发情况
反应	自动反应/条件反射	评估结果，决策过程
可描述性	可预测性强	偶发性的
建模方式	社会力模型等	决策理论模型等
举例	行人运动	行人目的地的选择

2. 社会力建模

下面将以行人 α 为例介绍决定行人运动的决定因素。与最初 Dirk Helbing and Peter Molnar 给出的定义略有区别的是，本书将所有直接计算的公式用"="连接，定义的公式用":="连接。

（1）目的地驱动力

首先是前往主要目的地的驱动力。该驱动力反映的是行人整个运动过程的主要动机，即行人总是希望以最优的方式到达目的地 $\vec{r}_\alpha^0$，总是希望走一条没有弯曲的路，也就是两点之间的最短路径。按照这样的假设，行人的路径通常是一个由若干直边构成的多边形，最终到达 $\vec{r}_\alpha^0$。即

$$\vec{r}_\alpha^1 + \vec{r}_\alpha^2 + \vec{r}_\alpha^3 + \cdots + \vec{r}_\alpha^n = \vec{r}_\alpha^0 \quad (3.33)$$

如果 $\vec{r}_\alpha^k$ 是这个多边形的下一个要到达的边，行人想要的运动方向

$\vec{e}_\alpha(t)$ 将是

$$\vec{e}_\alpha(t) = \frac{\vec{r}_\alpha^k - \vec{r}_\alpha(t)}{\left\| \vec{r}_\alpha^k - \vec{r}_\alpha(t) \right\|} \tag{3.34}$$

其中 $\vec{r}_\alpha(t)$ 是行人 α 在时刻 t 中的实际位置。当然，通常来讲，一个行人的目的是一片区域的可能性与一个入口这样的点相比也并不罕见。比如前往天安门广场的游客，他可能在天安门广场的任一点位置合影留念。该情形下，行人将朝向区域边缘与所在点最近距离行进。

如果行人的运动不受干扰，其将以一定的期望速度 v_α^0 向期望方向 $\vec{e}_\alpha(t)$ 走去。由于现实的步行过程中无法始终保持匀速，实际速度 $\vec{v}_\alpha(t)$ 与期望速度 $\vec{v}_\alpha^0(t)$ [等价于 $v_\alpha^0 \vec{e}_\alpha(t)$] 的偏差，导致在一定的松弛时间 τ 内再次接近 $^0\alpha(t)$ 的趋势。这可以用如下形式的加速度项来描述（虽然在物理意义上不对应，但这里在定义上把力等价于加速度）：

$$\vec{F}_\alpha^0(\vec{v}_\alpha, v_\alpha^0 \vec{e}_\alpha) := \frac{1}{\tau_\alpha}(v_\alpha^0 \vec{e}_\alpha - \vec{v}_\alpha) \tag{3.35}$$

（2）排斥力分析

行人的运动受到其他行人的影响，比较典型的就是其总是倾向于同其他行人保持一定的距离，这取决于行人密度和期望的速度 v_α^0。在这里，每个行人的私人空间起着至关重要的作用，可以理解为领土效应。通常情况下，出于对陌生人做出攻击性行为的预期，行人离陌生人越近，就会感到越不舒服。这导致其他行人 β 的排斥效应可以用矢量表示：

$$\vec{f}_{\alpha\beta}(\vec{r}_{\alpha\beta}) := -\nabla_{\vec{r}_{\alpha\beta}} V_{\alpha\beta}[b(\vec{r}_{\alpha\beta})] \tag{3.36}$$

我们将假设排斥势 $V_{\alpha\beta}$（b）是 b 的单调递减函数，其等势线具有指向运动方向的椭圆形式，即越靠近行进的方向，所需要的心理距离就越大。这样做的原因是行人需要下一步的空间，其他行人会考虑到这一点。b 表示椭圆的半轴，由式（3.37）给出：

$$2b = \sqrt{(\|\vec{r}_{\alpha\beta}\| + \|\vec{r}_{\alpha\beta} - v_{\alpha\beta}\Delta t \vec{e}_\beta\|)^2 - (v_\beta \Delta t)^2} \quad (3.37)$$

这里$\vec{r}_{\alpha\beta} = \vec{r}_\alpha - \vec{r}_\beta$，$s_\beta := v_{\beta\Delta t}$是行人$\beta$的步宽。尽管这种计算方法很简单，但它非常逼真地描述了行人的躲避动作。

行人还与建筑物、墙壁、街道、障碍物等的边界保持一定的距离，对于国内的道路更常见的是行道树、围栏等。行人越靠近障碍物的边界感受到的压力越大，因为需要更集中注意力来规避类似撞到树上的风险。因此，边界B对于行人产生了一种排斥效应，可以定义为一种单调且反相的电动势$U_{\alpha B}(\|\vec{r}_{\alpha B}\|)$产生的"力"，如式（3.38）所示：

$$\vec{F}_{\alpha B}(\vec{r}_{\alpha B}) := -\nabla_{\vec{r}_{\alpha B}} U_{\alpha B}(\|\vec{r}_{\alpha B}\|) \quad (3.38)$$

这里定义了$\vec{r}_{\alpha B} := \vec{r}_\alpha - \vec{r}_{\alpha B}$，此时$\vec{r}_{\alpha B}$代表了边界B到行人$\alpha$最近点的位置。

（3）吸引力分析

行人偶尔会被人或者物体所吸引，比如最常见的"围观效应"、超市新张贴的广告等，与前文定义的排斥效应相似又相反的是，在$\vec{r}_i$位置上的吸引力$\vec{f}_{\alpha i}$可以定义由单调递增的电动势$W_{\alpha i}(\|\vec{r}_{\alpha i}\|, t)$引起：

$$\vec{f}_{\alpha i}(\|\vec{r}_{\alpha i}\|, t) := -\nabla_{\vec{r}_{\alpha i}} W_{\alpha i}(\|\vec{r}_{\alpha i}\|, t) \quad (3.39)$$

类似地，定义了$\vec{r}_{\alpha i} := \vec{r}_\alpha - \vec{r}_i$。与前面的排斥力相比最大的不同来自时间$t$的影响，随着时间的推移，吸引力$\vec{f}_{\alpha i}$通常是逐渐减小的。可以非常容易地联想到，类似前面提到的"围观效应"，此类的吸引力通常会形成人群集聚。

（4）视角影响分析

无论是排斥力定义中的椭圆模型，还是吸引力的梯队模型，均尚未考虑到视觉盲区的影响。基于人类感知周围环境主要通过视觉方式，因此，以前进方向即视线中心方向为$\vec{e}$、以行人的视野最大角度2φ为分界线，定义位于视野最大角度外的社会力权重c（$0<c<1$），可以建立社会力的权重模型：

$$\omega(\vec{e},\vec{f}) := \begin{cases} 1 & \vec{e}\cdot\vec{f} \geq \|\vec{f}\|\cos\varphi \\ c & \vec{e}\cdot\vec{f} < \|\vec{f}\|\cos\varphi \end{cases} \quad (3.40)$$

综上所述，考虑权重的社会力模型可以作如下定义：

$$\begin{aligned}\vec{F}_{\alpha\beta}(\vec{e}_\alpha, \vec{r}_\alpha - \vec{r}_\beta) &:= \omega(\vec{e}_\alpha, -\vec{f}_{\alpha\beta})\vec{f}_{\alpha\beta}(\vec{r}_\alpha - \vec{r}_\beta) \\ \vec{F}_{\alpha i}(\vec{e}_\alpha, \vec{r}_\alpha - \vec{r}_i, t) &:= \omega(\vec{e}_\alpha, \vec{f}_{\alpha i})\vec{f}_{\alpha i}(\vec{r}_\alpha - \vec{r}_i, t)\end{aligned} \quad (3.41)$$

（5）最终模型

在这里我们把引起行人速度变化的因素类比为"力"，那么它们在最终效果上的表现也和"力"一样，符合向量相加法则。用公式来表示就是：

$$\vec{F}_\alpha(t) = \vec{F}_\alpha^0 \omega(\vec{v}_\alpha, \vec{v}_\alpha^0 \vec{e}_\alpha) + \sum_\beta \vec{F}_{\alpha\beta}(\vec{e}_\alpha, \vec{r}_\alpha - \vec{r}_\beta) + \sum_B \vec{F}_{\alpha B}(\vec{e}_\alpha, \vec{r}_\alpha - \vec{r}_B^\alpha) + \sum_i \vec{F}_{\alpha i}(\vec{e}_\alpha, \vec{r}_\alpha - \vec{r}_i, t) \quad (3.42)$$

定义偏好速度 $\vec{w}_\alpha$，社会力模型可以得到如下的等式：

$$\frac{d\vec{w}_\alpha}{dt} := \vec{F}_\alpha(t) + 波动量 \quad (3.43)$$

这里引入的波动量代表着行人运动的随机因素，包括人的习惯、身体素质因素等，在大的统计数据下，波动量的值应该为0。

此外，行人的速度还受其最大步行速度限制，则行人的实际运动速度

$$\frac{d\vec{r}_\alpha}{dt} = \vec{v}_\alpha(t) := \vec{w}_\alpha(t)\eta\left(\frac{v_\alpha^{\max}}{\|\vec{w}_\alpha\|}\right) \quad (3.44)$$

这里

$$\eta\left(\frac{v_\alpha^{\max}}{\|\vec{w}_\alpha\|}\right) := \begin{cases} 1 & \|\vec{w}_\alpha\| \leq v_\alpha^{\max} \\ v_\alpha^{\max}/\|\vec{w}_\alpha\| & \|\vec{w}_\alpha\| \geq v_\alpha^{\max} \end{cases} \quad (3.45)$$

注意，行人模型式（3.44）和式（3.45）具有非线性耦合的Langevin方程的形式。其简化形式可以拓展成为一个活跃行人模型。

3.4.2 行人应对车辆模型

在行人与车辆共存场景中，除上述提及的目的地驱动力、行人及障碍物排斥力、环境带来的吸引力外，行人与车辆也存在着交互关系。其中行人受车辆到来趋势影响，车辆根据行人行为预测采取减速、绕行甚至加速通过的决策，该决策过程将应用到最终的建模中。

1. 车辆对行人运动的影响

我们以行人为原点，以行人前进方向 $\vec{e}_\alpha(t)$ 为 y 轴正向建立直角坐标系。车辆与行人间的距离 $\vec{r}_{ac}$ 有两个分量，与行人前进方向 $\vec{e}_\alpha(t)$ 相同或者相反的距离分量 r_{acq}，垂直于 $\vec{e}_\alpha(t)$ 的分量 $r\alpha_{cd}$。车辆有一个与行人前进方向 $\vec{e}_\alpha(t)$ 相同或者相反的速度分量 v_{cq}，垂直于 $\vec{e}_\alpha(t)$ 的速度分量 v_{cd}。由于车辆宽度相对车速数值较小，因此，在行人决策的建模过程中将车辆视作点（车辆决策过程中，由于减速行为的存在，无法忽略车辆宽度）。

受生理结构限制和人的行为习惯，通常行人采取的是垂直于前进方向的侧向避让，或者纵向的加速通过、减速或者停止，较少斜向行进。因此，建立以行人为中心的直角坐标系相对向量方式表述更为清晰，见图 3-12。

定义受车辆影响的行人社会力为 $\vec{f}_{ac}=(f_{acd}, f_{acq})(f_{acd}\times f_{acq}=0)$。面对来车，行人会有一个决策过程，评估相撞可能，当 $r_{acq}/v_{cq}\geqq 0$ 或者 $r_{acd}/v_{cd}\geqq 0$ 时 $f_{ac}=0$，即行人速度不变。在其他的情况下，行人会根据自身的属性（包括性格、身体状况、当时情绪等）和应对车辆的位置、速度情况采取相应的措施，即给 f_{acd} 和 f_{acq} 赋值。有

$$\begin{cases} f_{acd} = f_{acd}(r_{acd}, r_{acq}, v_{cd}, v_{cq}, r_{acd}^2, r_{acq}^2, v_{cd}^2, v_{cq}^2) \\ f_{acq} = f_{acq}(r_{acd}, r_{acq}, v_{cd}, v_{cq}, r_{acd}^2, r_{acq}^2, v_{cd}^2, v_{cq}^2) \end{cases} \quad f_{acd}\times f_{acq}=0$$

(3.46)

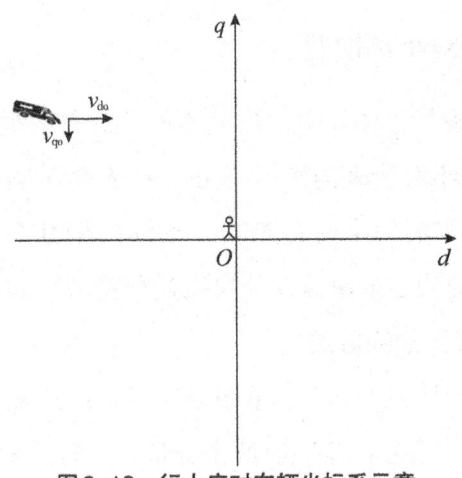

图3-12 行人应对车辆坐标系示意

接下来将探讨如何通过深度学习确定公式（3.46）以及本章其他公式的参数值。在现实情况下，行人对车辆距离、速度的反应不是线性的，通常情况下，车辆距离行人越近、车速越快，行人的反应变得更为激烈，因此类比风阻，认为车辆对行人的"作用力"也与距离、速度的平方相关。需要明确的是，在深度学习模型中，由于无监督学习的特性，无论是距离、速度还是其平方的参数等并不与性格、身体状况等现实情况一一对应，只代表影响结果的一组参数。

2. 智能相机坐标变换

定义自东向西方向为x轴方向，自南向北为y轴方向，垂直水平面竖直向上为z轴方向，以监控摄像头（智能相机）在水平面上的投影点为原点定义立体坐标系。见图3-13。

从智能相机中读取的坐标值为$(1,\theta,\varphi)$，分别代表相机的焦距、相机水平转过的角度和相机垂直向下转过的角度，对应到坐标系中，则为相机到目标的距离为1，虚拟的焦距线到水平面的投影与x轴正方向的夹角为θ，焦距线与投影间的夹角为φ。则行人α在场地中的坐标为：

$$\vec{r}_\alpha := (\alpha_x, \alpha_y) = (l \cdot \cos\varphi_\alpha \cdot \cos\theta_\alpha, l \cdot \cos\varphi_\alpha \cdot \sin\theta_\alpha) \tag{3.47}$$

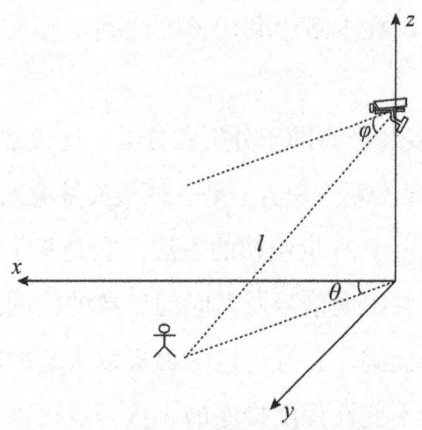

图3-13 智能相机为核心的立体坐标系

同理可得$\vec{r}_\beta$，$\vec{r}_\gamma$…的坐标。但在（3.47）中定义的车辆坐标系以行人为中心，需要作简单变换，即$\vec{r}_c = \vec{r}_{c原} - \vec{r}_\beta$。

3.通过慢特征分析拟合参数

下面我们介绍如何通过慢特征分析拟合模型中的参数。本书在试验场地通过场地监测系统对行人以及车辆的位置、速度等参数直接抓取，外部的障碍物、其他行人等外部刺激因素也同样能够抓取。但决定行人行为的内因，情绪、身体状态等无法直接抓取。如果算法采用监督学习或者半监督学习，由专家行为直接定义参数，比如定义情绪、身体状态等，存在参数非线性独立的情况，比如身体状态有较大的可能影响情绪。因此，本书更倾向于采用无监督学习的方式确定参数，其参数有较大概率无法与现实中的属性直接对应，但可以认为是一种新维度的"机器理解"，可以类比电机学中dq坐标系的建立。

4.慢特征分析及其在行人与车辆模型中应用

慢特征分析（Slow Feature Analysis，SFA），是一种无监督降维方法，被用来学习过程监控的时间相关表示。慢特征分析可用于通过监测稳态分布来检测与运行条件的偏差，也能应用于根据时间分布来识别过程的动态异常,在本章中利用该方法确定行人与车辆协同的行人特征参数。

时变信号的不变特征有助于分析和分类,比较常见的就是周期信号的频域分析。慢特征分析(SFA)是一种从矢量输入信号中学习不变或缓慢变化特征的诞生于21世纪初的方法。它是基于输入信号的非线性扩展和主成分分析对扩展信号及其时间导数的应用。它可以保证直接在函数族中找到最优解,并且可以学习提取大量的非相关特征,这些特征是根据它们的不变性程度排序的,这一点可以在下文中的约束条件中看到。慢特征分析可分层应用于处理高维输入信号和提取复杂特征。当然,本书讨论的行人对车辆的响应输入信号维度在监控系统抓取后已显著下降为8维(包括车辆的位置、速度各2个正交维度,行人速度、"社会力"各2个维度),算法的计算量较小。特征提取的复杂性主要在于行人反应(社会力)内因的不确定性。

5. 数学定义

不变性学习的数学定义是给定一个矢量输入信号 x(t),目标是找到一个输入—输出函数 g(x),使输出信号 y(t):=g(x(t)) 变化尽可能慢,同时仍然传递一些关于输入的信息,以避免琐碎的、信息丢失的恒定响应。严格的不变性不是目标,而是变化缓慢的近似不变性。数学表达式如下:

给定一个 i 维的输入信号 $\vec{x}(k)=^T$,找到一个输入–输出函数,$\vec{g}(x)=^T$,相应产生 j 维输出信号 $\vec{y}(x)=^T$,并定义 $y_j(x):=g_j(x)$。目标函数是求方差最小值,表示为(尖括号为时间积分平均):

$$\Delta_j := \Delta(y_j) := <\dot{y}_j^2> 为最小值,j \in \{1,\cdots,j\} \tag{3.48}$$

约束条件为:

$$<y_j> = 0 \tag{3.49}$$

$$<y_j^2> = 1 \tag{3.50}$$

$$\forall j' < j : < y j' \cdot y j >\, = 0 \qquad (3.51)$$

式（3.48）代表的零均值和式（3.49）代表的单位方差共同避免了恒定不变的常数解。式（3.50）确保输出的独立性，每一个输出代表一个维度的信息，避免输出之间互相影响甚至是复制。同时式（3.50）引入了一个阶数，使得 $y_1(t)$ 是最优输出信号分量，而 $y_2(t)$ 由于服从附加约束 $<y_1 \cdot y_2>=0$，所以是一个次于 $y_2(t)$ 的输出信号分量。

约束条件还可以有其他的形式，例如删去式（3.48）使解的形式更加自由，但用 $<(y_j-<y_j>)^2>=1$ 代替式（3.49），从而避免 $y_1(t)=\pm 1$ 的通解。甚至可以抛弃式（3.50）并整合到目标中，使目标函数变成求 $<y_j>/<(y_j-<y_j>)^2>$ 的最小值。然而，将两个约束条件[式（3.48）和式（3.49）]积分到目标函数中，解将由 y_j 的任意偏移量和比例因子决定。显式约束使解不那么任意。具体的应用中可以由需求确定具体的形式。

6. 具体算法

给定一个 i 维的输入信号 $\vec{x}(k)=^T$，找到一个输入-输出函数 $\vec{g}(x)=^T$ 每个分量都是一组 K 个非线性函数的加权和

$$h_k(x): g_j(x) := \sum_{k=1}^{K} w_{jk} h_k(x) \quad K > \max \qquad (3.52)$$

通过 $h(x)=^T$ 对输入信号产生非线性扩展信号 $\vec{z}(t):=\vec{h}(x(t))$。经过这种非线性展开后，可以将该问题在扩展的信号分量 $\vec{z}_k(t)$ 中视为线性问题。这里通过变换将非线性问题转为线性问题，便于机器学习。机器学习的对象是权向量 $\vec{w}_j=^T$ 进行学习，第 j 个输出信号分量由式（3.53）给出：

$$y_j(t) = g_j(x(t)) = \vec{w}_j^T \vec{h}(x(t)) = \vec{w}_j^T \vec{z}(t) \qquad (3.53)$$

根据式（3.53），算法的目标是优化输入-输出函数，使权值实现

$$\Delta(y_j) = <\dot{y}_j^2> = \vec{w}_j^T <\dot{\vec{z}}\dot{\vec{z}}^T> \vec{w}_j \text{最小} \qquad (3.54)$$

假设所选择的非线性函数 h_k 使扩展信号 $\vec{z}(t)$ 具有零均值和单位协方差矩阵。这样一组非线性函数 h_k 可以很容易地通过一个白化阶段从任意集合 h_k 中导出。同时，推导公式（3.48）~式（3.50）的约束条件，

当且仅当约束权重向量为向量的标准正交集时，自动满足：

$$<y_j> = \vec{w}_j^T <\vec{z}> = \vec{w}_j^T \vec{0} = 0 \quad (3.55)$$

$$<y_j^2> = \vec{w}_j^T <\vec{z}\vec{z}^T> \vec{w}_j = \vec{w}_j^T \vec{I} \vec{w}_j = \vec{w}_j^T \vec{w}_j = 1 \quad (3.56)$$

$$\forall j' < j: <y_{j'} y_j> = \vec{w}_{j'}^T <\vec{z}\vec{z}^T> \vec{w}_j = w_{j'}^T \vec{I} w_j = \vec{w}_{j'}^T \vec{w}_j = 0 \quad (3.57)$$

因此，对于输入输出函数的第一个分量而言，优化问题简化为寻找使方程式（3.55）中的 Δ(y_1) 最小的赋范权向量。解是矩阵 $<zz^T>$ 的赋范特征向量，它对应于最小特征值。下一个更高特征值的特征向量产生输入-输出函数的下一个分量与下一个更高的 Δ 值。这就引出了算法。

明确区分原始信号、从训练数据中得到的精确归一化信号和从测试数据中得到的近似归一化信号是有用的。令 $\tilde{x}(t)$ 是一个可以有任意均值和方差的原始输入信号。为了计算方便和显示的目的，信号被归一化为零均值和单位方差。这种归一化对于训练数据 x(t) 是精确的。因为每个数据样本的均值和方差略有不同，用相同的偏移量和因子校正测试数据通常会产生一个仅近似归一化的输入信号 x'(t)，而归一化总是使用从训练数据确定的偏移量和因子来完成。下文中，原始信号为波浪线，测试数据为撇号；既没有波浪也没有撇号的符号通常（但并非总是）表示规范化的训练数据。

行人应对车辆的慢特征算法如下所示：

算法：SFA_2 算法

输入：数据来自智能摄像头，主要车辆，其他车辆，步行者，自行车的位置
$p_t = \{x_t, y_t\}$, speed v, acceleration a, as a array of (t) with 7 dimensions.
输出：$j = ^T$

---

1. Let $x(t) := [x_1(t), \cdots, x_7(t)]^T$ as $x_i(t) := \dfrac{\tilde{x}_i(t) - <\tilde{x}_i>}{\sqrt{<(\tilde{x}_i - <\tilde{x}_i>)^2>}}$,

    So that $<x_i> = 0$ and $<x_i^2> \geq 1$

2. Definition $\tilde{\vec{h}}(x) := [x_1, \cdots, x_7, x_1 x_1, x_1 x_2, \cdots, x_7 x_7]^T$
And $\tilde{\vec{z}}(t) := \tilde{\vec{h}}(x(t)) = [x_1(t), \cdots, x_7(t), x_1(t)x_1(t), x_1(t)x_2(t), \cdots, x_7(t)x_7(t)]^T$ with $7+7\times(7+1)/2=35$ dimensions
3. Sphering $\vec{z}(t) := \mathsf{S}(\tilde{\vec{z}}(t) - <\tilde{\vec{z}}>)$ so that $<\vec{z}>=0$ $<\vec{z}\vec{z}^T>=I$
4. Principal component analysis $<\dot{\vec{z}}\dot{\vec{z}}^T>$. Let $\vec{y}$ has 4 dimensions, get $\vec{w}_j$ with $<\dot{\vec{z}}\dot{\vec{z}}^T>\vec{w}_j = \lambda_j w_j$, $\lambda_1 \leq \lambda_2 \leq \lambda_3 \leq \lambda_4$
5. Definition $\vec{g}(\vec{x}) := [g_1(\vec{x}), \cdots g_4(\vec{x})]^T$ with $g_j(\vec{x}) := \vec{w}_j^T \vec{h}(\vec{x})$、$\vec{y}(t) := \vec{g}(\vec{x}(t))$ and $\Delta(y_j) := <\dot{y}_j^2> = \lambda_j$
6. Test: Repeat Step2 to 5, $x'(t) := [x_1'(t), \cdots, x_7'(t)]^T$ and $x_i'(t) := \dfrac{\tilde{x}_i'(t) - <\tilde{x}_i'>}{\sqrt{<(\tilde{x}_i' - <\tilde{x}_i'>)^2>}}$ with $<x_i'> \approx 0$, $<x_i'^2> \approx 1$, $\vec{y}'(t) = \vec{g}(\vec{x}'(t))$
7. Solving $x_6(t)$ 和 $x_7(t)$ with $x_1(t)$ to $x_5(t)$

7. 性能评估

在本章中，我们利用慢特征分析来求得行人对车辆的应对模型。利用该模型的原因是行人的行为模式相对固定，如果能有一个确切的值衡量模型的不变性，那么就可以认为该方法是可行的。

我们不直接通过 Δ 的值来衡量，而是定义了参数 η

$$\eta(y) := \frac{T}{2\pi}\sqrt{\Delta(y)} \tag{3.58}$$

对 $t \in$，对于一个振荡频率为整数的标准正弦波 $y(t) := \sqrt{2}\sin(n2\pi t/T)$，$\eta(y)$ 就是振荡频率，即 $\eta(y)=n$。因此，任意信号的指数 η 表示相同值的标准正弦波振荡频率，至少对 η 的整数值是这样的，η 值越低表示信号频率越低。因为从测试数据导出的输出信号只是近似归一化的，$\eta(y')$ 意味着包含零均值和单位方差的 y' 精准归一化，以确保 η 不受偶然比例因子的影响。

3.4.3 试验场地情况

整个试验场地监测系统基于海康威视环视一体机、臻全彩枪球机及配套系统搭建，地址位于浙江省舟山市定海区小沙街道小沙西庙西侧。

1. 引用的设计规范

系统设计依据国家相关法律法规、国家和行业相关标准、相关研究成果等资料进行规划设计，具体如下：《视频安防监控系统技术要求》（GA/T367—2001）、《智能建筑设计标准》GB 50314—2015、《综合布线系统工程验收规范》GB/T 50312—2016、《安全防范工程技术标准》GB50348—2018、《视频安防监控系统工程设计规范》GB50395—2007，施工及系统其他构成部分符合有关国家及地方的现行规程、规范及标准。

2. 监测系统拓扑结构

监测系统主要分为两个部分，前端包括行人车辆联合监测系统即智能相机（环视一体机、臻全彩枪球一体机）、AI超脑，激光雷达系统（含导航信息处理设备），车辆通信系统；后端主要是服务器和管理终端，系统还包括一部分的传输、辅助类设备（见图3-14）。

前端智能相机主要用于视频图像采集，对象主要是车辆和行人，由AI超脑提供图像识别功能；激光雷达及其配套的设备主要用于实现3.3提到的V2I的车辆监测；车辆与系统通信设备主要实现车辆与整个监控系统间的通信，预留控制API，为后续可能的远程控制自动驾驶作准备。后台中心服务器处理来自视频系统、激光雷达系统和车辆提供的数据信息，完成算法决策并发送至车辆及监控终端；监控终端提供系统与操作者界面，实现人机交互。

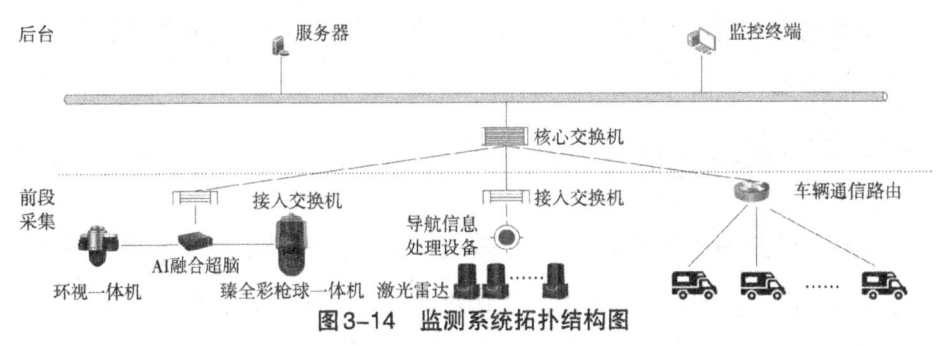

图3-14 监测系统拓扑结构图

3.场地情况

该试验场地为内部场所，中间区域为实训场地用于人员实操训练，覆盖40m×20m，有环绕实训场地水泥路面，宽约9m（见图3-15）。项目设计考虑在实训操场周边对角处部署臻全彩枪球一体机及环视一体机各1台。

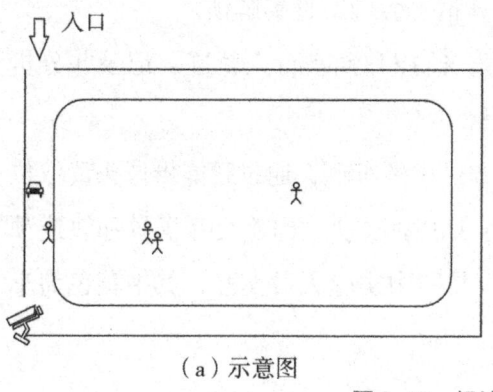

（a）示意图　　　　（b）实拍图

图3-15　场地情况

臻全彩枪球一体机应用于实训操场内人员人脸抓拍数据采集：当190°大全景画面检测到人员入画，细节球机自动推近画面进行人脸抓拍，这样在兼顾全景监控的同时，保障了人脸抓拍质量（见图3-16）。

图3-16　智能摄像头实拍

4. 系统功能

主要通过卷积算法支持人脸的实时识别功能；当有人脸事件上报时，实时展示抓拍图及识别详情，支持查看抓拍原图、抓拍图像中对应人员的轨迹、录像回放；支持按照事件类型：全部事件类型、重点人员事件，过滤实时识别记录，支持按照人脸分组过滤实时识别记录；支持锁定识别详情，锁定后事件详情不会刷新直到解锁。

通过姿态识别和社会力模型，监控和预判行人轨迹，记录并分析行人当前位置、速度以及行进趋势。

利用车牌识别+特征分析的方式识别车辆，通过智能摄像头读取位置、车速、加速度等信息，与行人识别联动，构建交互场景和轨迹预测。图3-17中车辆为实验车辆，与图中实验人员交互，其中黄色为车辆轨迹线。

图3-17 人车交互系统实拍画面

环视一体机应用于道路车辆布控跟踪：设备具有两个全景镜头及一个细节镜头，两个全景镜头朝向垂直的两条道路进行布控，当全景画面里有车辆出现时，细节镜头进行画面跟踪，直至车辆出画；针对多辆车同时出现的情况，将会依据车辆监测到的先后顺序进行依次跟踪。

数据传输方式：在臻全彩枪球一体机人脸抓拍时，通过设备SDK

获取臻全彩枪球一体机中球机的ptz值（同理，在环视一体机应用于操场两边道路车辆布控跟踪时，通过设备SDK获取环视一体机中细节球机的ptz值），用于监测和控制策略开发使用。第三方设备和前端设备球机进行定位标定，标定完成后，通过主动或者被动方式获取前端设备ptz值的变化，去采取动作（主动获取方式：实时通过sdk获取球机ptz值；被动获取方式：前端设备球机ptz值变化时，通过sdk接口发送至后台）。

人员图片搜索，支持通过上传目标人员图片，自动识别人脸目标，支持单图或多图搜索模式，在多图模式时，一张多人脸图的照片会分析形成多张单人脸图照片，可在分析结果中选择要搜索的目标人脸；支持通过上传目标人员图片，自动识别人体属性，支持通过上衣颜色、下衣颜色、性别、戴眼镜、上衣类型、下衣类型搜索目标人员，确认目标人脸后还可进行以脸搜脸；支持人员轨迹查看、录像回放；支持在人脸抓拍事件中，将人脸抓拍图一键加入指定人脸分组。

车辆图片搜索，支持通过上传目标车辆图片，自动识别车辆属性，支持通过车牌号、车身颜色、车辆品牌、车辆类型、车牌颜色搜索目标车辆；支持车辆结构化数据查询。

人脸抓拍记录查询，支持按照开始时间、结束时间、抓拍点、年龄段、性别、是否佩戴眼镜过滤查询抓怕记录；抓拍记录支持以列表视图或卡片视图展示；支持对抓拍记录进行识别信息、抓拍原图、人员轨迹、录像回放的查看，识别信息中可查看该人员近3天出现的次数统计。

车辆识别记录查询，通过时间、抓拍点车辆特性来搜索车辆抓拍事件，支持的车辆特性有：车牌号、车身颜色、车辆品牌、车辆类型、车牌颜色。

微观驾驶条件下电动汽车节能辨识方法

封闭厂区充电桩车桩联动电能替代及节能方法

4.1 引言

本章首先分析不同属性选择方法对电动汽车生态驾驶等级分类的作用，选用经典的不同多分类算法与不同属性选择方法进行组合，综合考虑属性选择的效率和准确率两方面因素，选出最优的属性选择方法与多分类算法组合，利用实车实验数据对所提出的最优组合的有效性进行验证，并得到生态驾驶等级分类最优特征集，对选取的最优特征集中分类属性指标进行分析。接着选用高斯基函数作为多分类支持向量机（M-SVM）模型的核函数，并通过贝叶斯对超参数C和高斯核的带宽参数σ进行优化，建立多分类高斯支持向量机（BO-M-SVM）生态驾驶等级分类模型，与未优化的M-SVM分类算法和其他经典的分类算法进行对比，证明所提模型的有效性。

4.2 实验设计

4.2.1 实验设计和数据集获取

1. 实验路线设计

实验设计了一条环绕校园的城区路线，道路限速60km/h，全程4.7km。实验路线鸟瞰图见图4-1，黑色线条为测试路段。其中日修路为双车道，皇姑路和方志敏大道为3车道，双港东大街则为4车道。考虑到车辆的能源消耗和排放受交通流量和天气的影响较大，选择天气晴朗的周中15：00~16：00进行实验。要求被试者在每段道路至少变道1次，被试者允许随机进行加速和减速。

2. 被试选择

相关研究表明，2020年中国机动车驾驶员人数将达到4.56亿人，其中男性驾驶员人数3.08亿人，占67.57%，女性驾驶员人数1.48亿人，

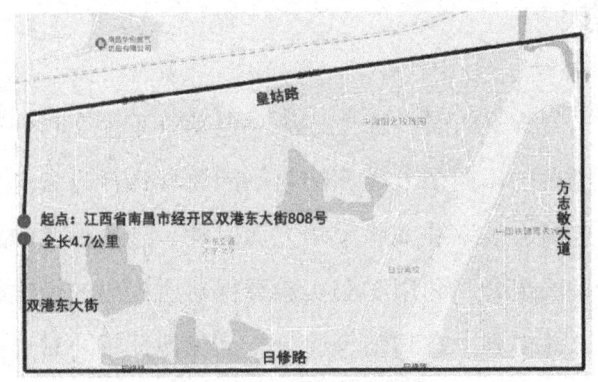

图 4-1　实验路线鸟瞰图

占 32.43%。故本次试验人员面向大学校园共招募被试者 18 人，其中包括 12 名男性和 6 名女性来完成实验，被试者均具有 C1 及以上驾驶执照且具有电动汽车驾驶经验。被试者年龄 21~54 岁不等，平均年龄 35.36 岁，平均驾龄 4.7 年，平均驾驶里程 6.4 万千米。

3. 实验辅助人员

本次实验需要两位实验辅助人员进行协作，该人员不参与实验。其中一名是数据监控员，主要负责监控实验数据的收集过程，并且确保所有实验仪器和设备的正常运行，该工作由本团队人员来承担。第二名实验辅助人员则是实验安全监察员，主要负责驾驶过程中的安全事项，保证如果出现任何突发情况或潜在风险，能够迅速指导驾驶员做出正确的应对，该角色由经验丰富的驾校教练员担任。

4. 实验流程

本实验共计开展了 18 组实车驾驶实验，其实验过程见图 4-2。

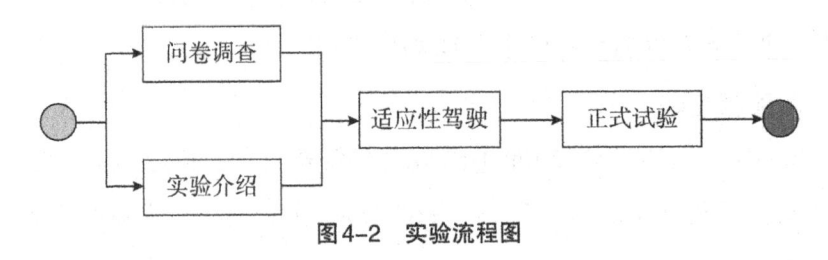

图 4-2　实验流程图

由图4-2可知，该实验主要包括实验准备、适应性驾驶和正式实验三个步骤，详细介绍如下：

（1）实验准备：记录被试驾驶员的基本个人信息，包括姓名、驾龄、行驶里程和年龄等。同时对被试驾驶员进行实验介绍，包括实验路线介绍、车辆操作介绍、实验路况介绍和实验变道要求等。

（2）适应性驾驶：在实验准备一切就绪后，引导被试驾驶员对实验路线进行预驾驶，确保被试驾驶员熟悉操作车辆和路况并无不适的身体症状，同时调试设备确保能够正常记录数据。

（3）正式实验：被试驾驶员按照适应性驾驶期间的路线进行正式实验，实验地点从校园北门出发，沿双港东大街向西行驶至红绿灯，右转进入皇姑路，其间需至少变道一次，行驶至下一个红绿灯右转进入方志敏大道，在该路段上仍需至少变道一次，行驶至下一个红绿灯右转进入曰修路，至少进行一次变道，再行驶至下一个红绿灯右转进入双港东大道，行驶至校园门口停止。实验期间实验辅助人员对被试驾驶员进行变道提醒。被试驾驶员需遵守交规，在驾校教练员的指导下进行合理安全的驾驶行为。

4.2.2 实验数据处理

通过对采集的数据进行统计分析后得到共计19个变量，其中生态驾驶等级为分类变量，剩余18个变量为传感器或者统计得出的属性变量。具体的属性变量名称、采样率和精度见表4-1：

表4-1 属性变量信息

ID	属性名称	采样率（HZ）	精度
1	车速	20	1（km/h）
2	车速标准差	/	/
3	刹车信号	/	/

续表

ID	属性名称	采样率（HZ）	精度
4	刹车标准差	/	/
5	前轮转角	20	0.1（deg）
6	转角标准差	/	/
7	前轮转角加速度	20	0.01（m/s²）
8	转角加速度标准差	/	/
9	加速度	30	0.01（m/s²）
10	加速度标准差	/	/
11	航向角	30	0.2（deg）
12	俯仰角	30	0.2（deg）
13	倾斜角	30	0.15（deg）
14	左车道线间距	15	0.1m
15	右车道线间距	15	0.1m
16	accelerationX（G）	20	0.1（m/s²）
17	accelerationY（G）	20	0.1（m/s²）
18	accelerationZ（G）	20	0.1（m/s²）
19	生态性级别	/	/

经过统计分析后，本次得到实验数据共415条，其中生态驾驶等级为0的实验数据为250条，生态驾驶等级为1和2的实验数据分别为90条和75条。生态驾驶等级为0的类别数据远多于生态驾驶等级1和2，这可能会导致后续所建立的分类模型偏向于0级别的生态驾驶类，从而影响模型的泛化能力和分类准确性。SMOTE（Synthetic Minority Oversampling Technique）是一种解决不平衡数据集问题的过采样算法，它通过创建少数类别的合成样本而不是简单复制现有样本，从而增加数据集的多样性，减少过拟合风险，并提高分类器的泛化能力，故本书选用SMOTE算法对数据进行处理不平衡处理。

SMOTE算法是计算距离最近K个样本，然后随机地从中选择数据从而生成新样本,是一种基于"插值"来合成新样本的方法。

$$x_{new} = x + rand(0,1) \times \|\hat{x} - x\| \qquad (4.1)$$

式中:x为一个少数类样本;$\hat{x}$为最邻近样本;$\|\bullet\|$表示距离公式。

最终在Python编码环境下,采用SMOTE算法对该数据进行处理,最终得到生态驾驶分级的0,1,2三个级别各250条数据,共计750条数据,见图4-3。有效地平衡了数据样本,确保后续研究的可靠性。

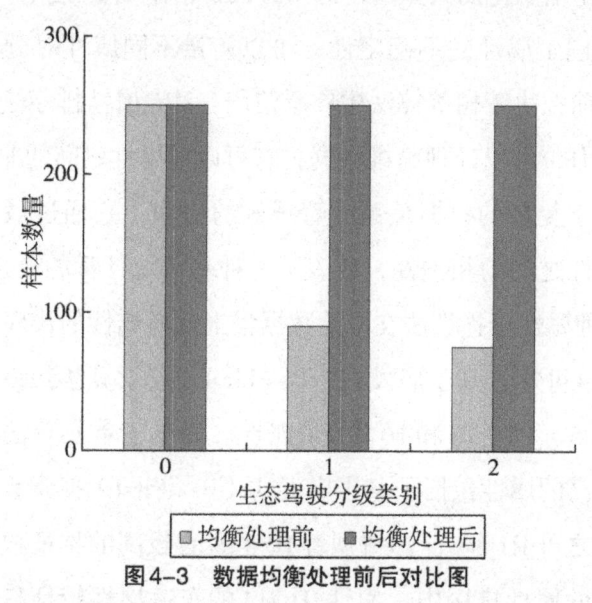

图4-3 数据均衡处理前后对比图

4.2.3 融合多种属性选择方法的生态驾驶影响因子选择

为了从原始数据集中选择出最有效的属性,减少数据维度的同时降低过拟合的风险,选用常见的不同属性选择方法对原始数据属性进行选择。研究者根据是否独立于后续的学习算法将属性选择方法分为封装式(Wrapper)和过滤式(Filter)。本书基于封装式和过滤式选用启发式(BestFirst)搜索算法、贪心选择(Greedy)属性排序法、以信息增益(InfoGainAttributeEval)为依据的属性排序方法、MIC属性排序法对原始数据的属性进行排序或选择。

启发式（BestFirst）搜索算法采用动态搜索策略，能够对特征集合进行逐步优化，最终得到最佳的属性组合。贪心选择（Greedy）属性排序法的特征选择策略不仅简单而且高效，它基于属性的重要性对属性赋予特征权重从而进行排序，最终可以选择特征权重高的变量作为最佳的属性组合。以信息增益（InfoGainAttributeEval）为依据的属性排序方法是基于信息论的典型属性选择方法，信息增益是信息论中的经典度量，它考虑了属性的不确定性，可以衡量不同属性对分类结果的影响程度。目前在决策树等算法中广泛使用。MIC属性排序法具有强大的特征选择能力，可以处理高维数据，它可以对属性之间的非线性关系进行捕捉，对于复杂的数据关系有着很好的应用。它通过最大化信息系数来衡量属性之间的相关性，代表了一种基于统计学的属性选择方法。图4-4为四种属性选择算法在原始数据集上选择属性的排序结果图。

由图4-4可知，基于启发式（BestFirst）搜索算法最终直接选择了ID为1、4、5、10、14和16共6个属性。而基于贪心算法的属性排序特征权重较高的属性包括了基于启发式（BestFirst）搜索算法所选择的属性，除此之外ID为6、13等属性ID也有着较高的特征权重。以信息增益为依据的属性排序中，属性ID为1的车速属性特征权重最高，达0.318。此外，其中基于启发式（BestFirst）搜索算法所选择的1、4、5、10、14、16的6个属性在此重要性排序中同样比较重要。基于MIC的属性排序的属性选择中，特征权重较高有1、2、5、7、10、12、13、16、18等属性。可以看出，有些属性在不同属性选择算法中都有着较高的重要性，有些属性则在不同属性选择算法中重要性程度表现不一。

为了进一步得到最优的属性集合，引入分类算法在属性选择算法上进行验证能够有效地解决这一问题。通过计算不同属性数量的组合的分级准确率，以找到最佳属性组合，从而获得最佳的识别性能。本书选用SVM、KNN和NB三个常用的经典算法对不同属性选择方法选择的属性进行分析评价。

　　SVM算法通过最大化决策边界的边缘，在处理多分类问题时可以得到较高的准确度，在高维空间有着不错的表现。KNN算法简单直观，易于实现，它不需要学习或者训练阶段，直接根据最近邻的数据进行分类，适应性强，适应于多类别的分类问题。而NB算法具有非常高的计算效率和速度，能够很好地处理大量特征。该三个算法能够较为全面的展示不同方法在多分类问题上的表现。图4-5展示了上述三种分类算法在不同属性选择方法下的分类表现，其中TPR和FPR被选作评价指标，其分别代表着分类器准确识别正类和负类的能力。

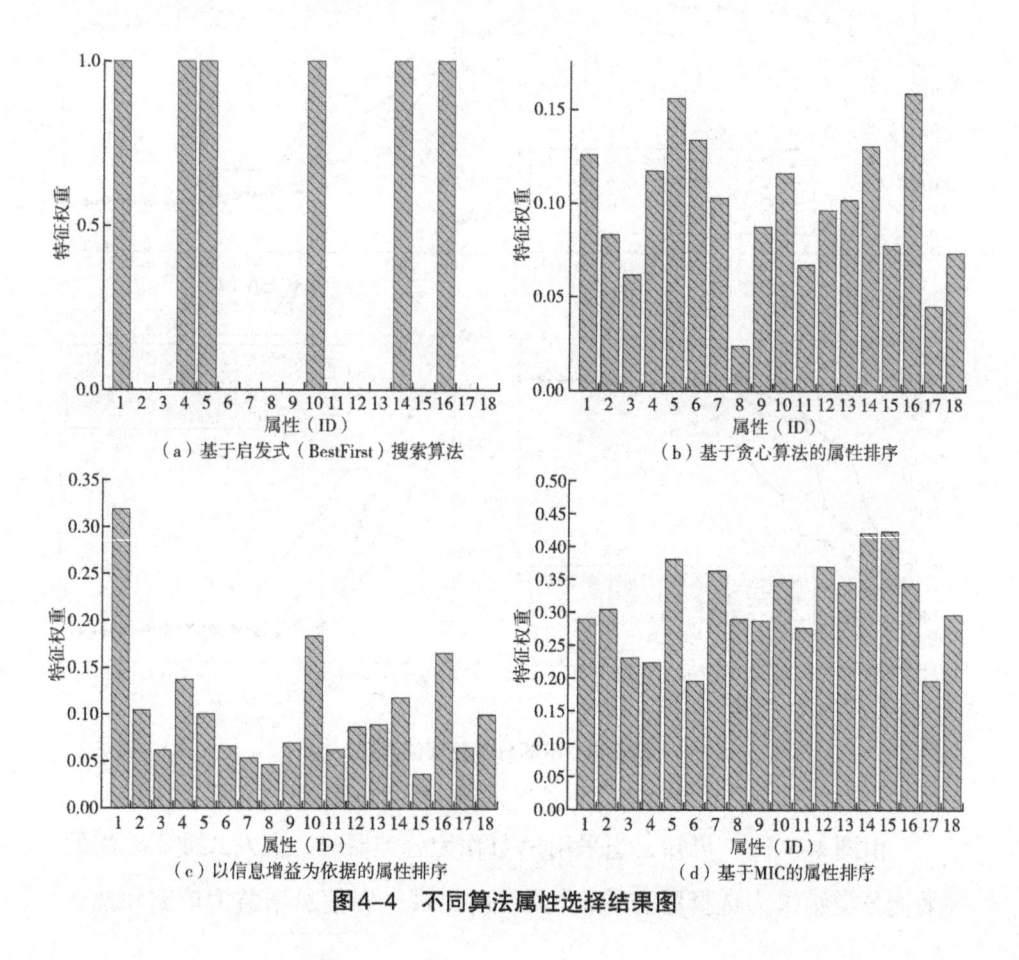

(a) 基于启发式（BestFirst）搜索算法

(b) 基于贪心算法的属性排序

(c) 以信息增益为依据的属性排序

(d) 基于MIC的属性排序

图4-4　不同算法属性选择结果图

图4-5 不同分类算法结果图

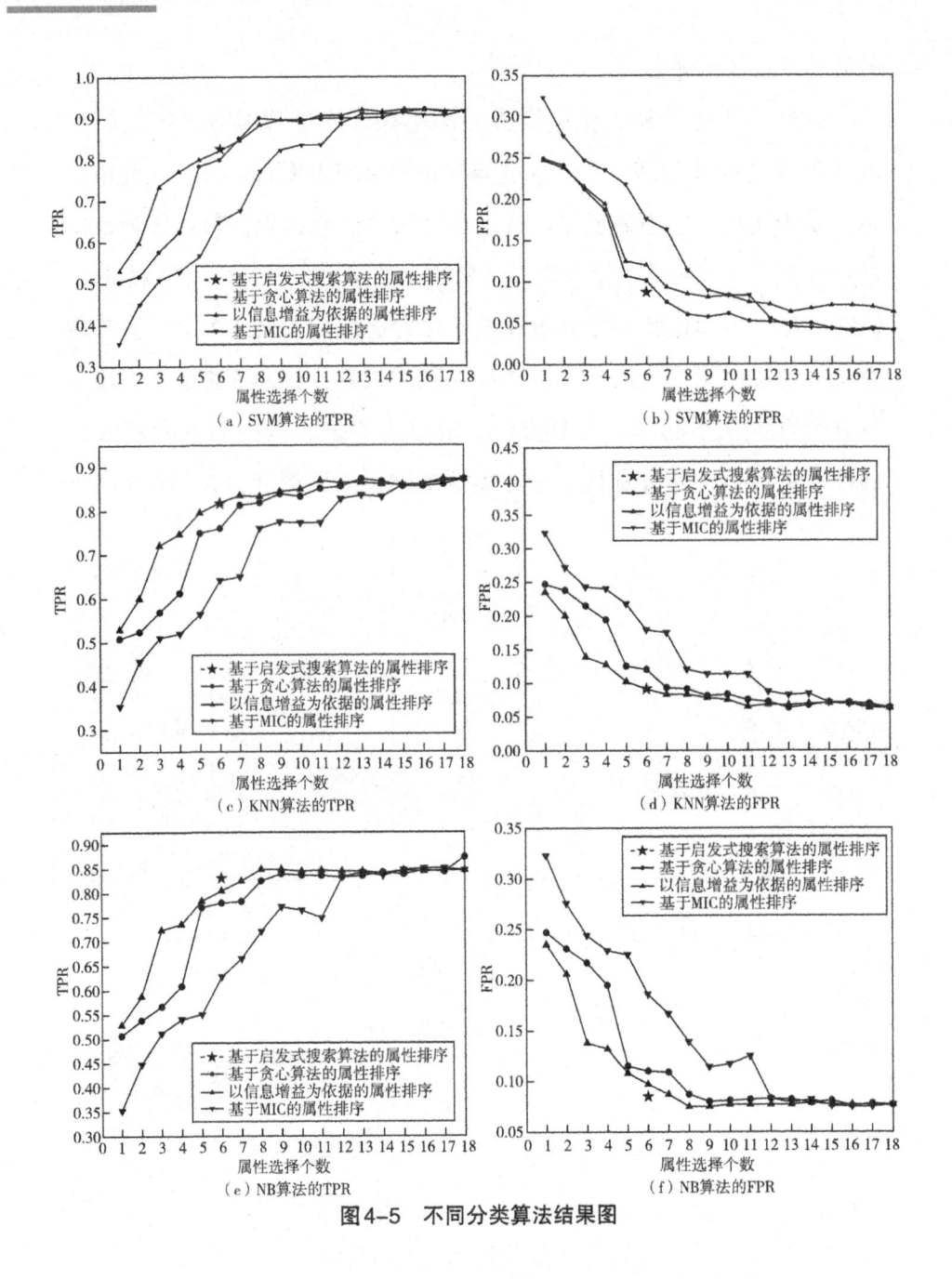

由图4-5（a）可知，当采用SVM作为分类器时，启发式搜索算法的最优分类结果为选择所有的6个属性时出现。以信息增益为依据和基于

贪心算法的属性排序选择前8个属性为决策因子时，分类的TPR和FPR结果最为理想。而基于MIC的排序算法的分类最优结果则是出现在选择前12个属性时。值得注意的是，当采用基于贪心算法的属性排序策略时，TPR和FPR的值（分别为0.899和0.067）均优于其他三种属性选择方法。

在使用K近邻（KNN）作为分类器的场景中，见图4-5（b），启发式搜索算法同样指出在选择全部6个属性时达到最优分类结果。基于信息增益和贪心算法的属性排序在选择前7个属性时，展现了最理想的TPR和FPR结果。而基于MIC的排序策略在选择前12个属性时实现了最优分类效果。在这种情形下，基于信息增益的属性排序方法在TPR和FPR（分别为0.869和0.068）上均超过了其他三种方法。

对于朴素贝叶斯（NB）分类器，见图4-5（c），启发式搜索算法指出选择全部6个属性时能够获得最优分类结果。以信息增益为依据的属性排序，在选择前8个属性时，展现了最理想的TPR和FPR结果。此外，基于MIC的排序方法在选择前12个属性时达到最佳分类效果。在使用基于信息增益的属性排序时，TPR和FPR的值（分别为0.833和0.083）优于其他三种方法。

综上所述，不同的分类算法和属性选择方法在计算时展现出一定的差异性，这反映在所选取的最优属性集合上。为了得到最佳的属性组合，需要对不同属性选择方法和分类算法组合下的分类结果进行全面分析。结果见表4-2。

表4-2 不同算法组合下的评价指标

算法组合	TPR	FPR
贪心算法-SVM	0.899	0.067
信息增益-KNN	0.869	0.068
信息增益-NB	0.833	0.083

由表 4-2 可知，当采用基于贪心算法的属性排序方法后，采用 SVM 分类算法进行分类辨识得到的分类真正率（TPR）和分类假正率（FPR）相较于其他三种算法组合更为优越，TPR 值和 FPR 值分别为 0.899 和 0.067。所选择的相关属性为 8 个，分别为车速、刹车标准差、前轮转角、转角标准差、前轮转角加速度、加速度标准差、左车道线间距、横向加速度。较之原始数据属性精简了十个冗余属性。

4.3 生态驾驶类别分类属性因子特征分析

通过属性选择算法与分类算法的最优组合得到原始数据的最优特征集，具体 8 个属性为车速、刹车标准差、前轮转角、转角标准差、前轮转角加速度、加速度标准差、左车道线间距、横向加速度。经过数据不平衡化处理最终得到 750 条数据，表 4-3 展示了其中的部分数据。

表 4-3 生态驾驶属性数据（部分）

编号	车速	刹车标准差	前轮转角	转角标准差	前轮转角加速度	加速度标准差	左车道线间距	横向加速度	生态驾驶级别
1	22.126	0.471	0.287	0.27	−0.07	0.25	1.8	−1.078	0
2	21.042	0.224	0.008	0.04	0.001	0.11	1.8	0.9702	0
3	58.979	0.334	3.665	0.27	−0.064	1.19	1.323	−0.072	0
4	56.884	0.448	3.815	0.41	0.171	0.57	1.125	−0.048	0
5	12.996	0.345	2.517	0.13	0.076	0.36	2.17	−0.044	1
6	30.796	0.330	0.858	0.06	−0.001	0.09	1.96	−0.064	1
…	…	…	…	…	…	…	…	…	…
747	36.516	0.322	1.208	0.02	0.011	0.27	1.59	−0.063	2
748	33.884	0.245	1.283	0.1	0.006	0.15	1.70	−0.068	2
749	30.642	0.334	0.888	0.14	−0.018	0.46	1.883	−0.07	2
750	3.358	0	2.134	3.28	−1.275	0.23	1.8	−0.016	2

4 微观驾驶条件下电动汽车节能辨识方法

采用统计学方法对不同生态驾驶级别下的车速、刹车标准差、前轮转角加速度、加速度标准差、左车道线间距、横向加速度的平均值和标准差进行计算，其箱型见图4-6：

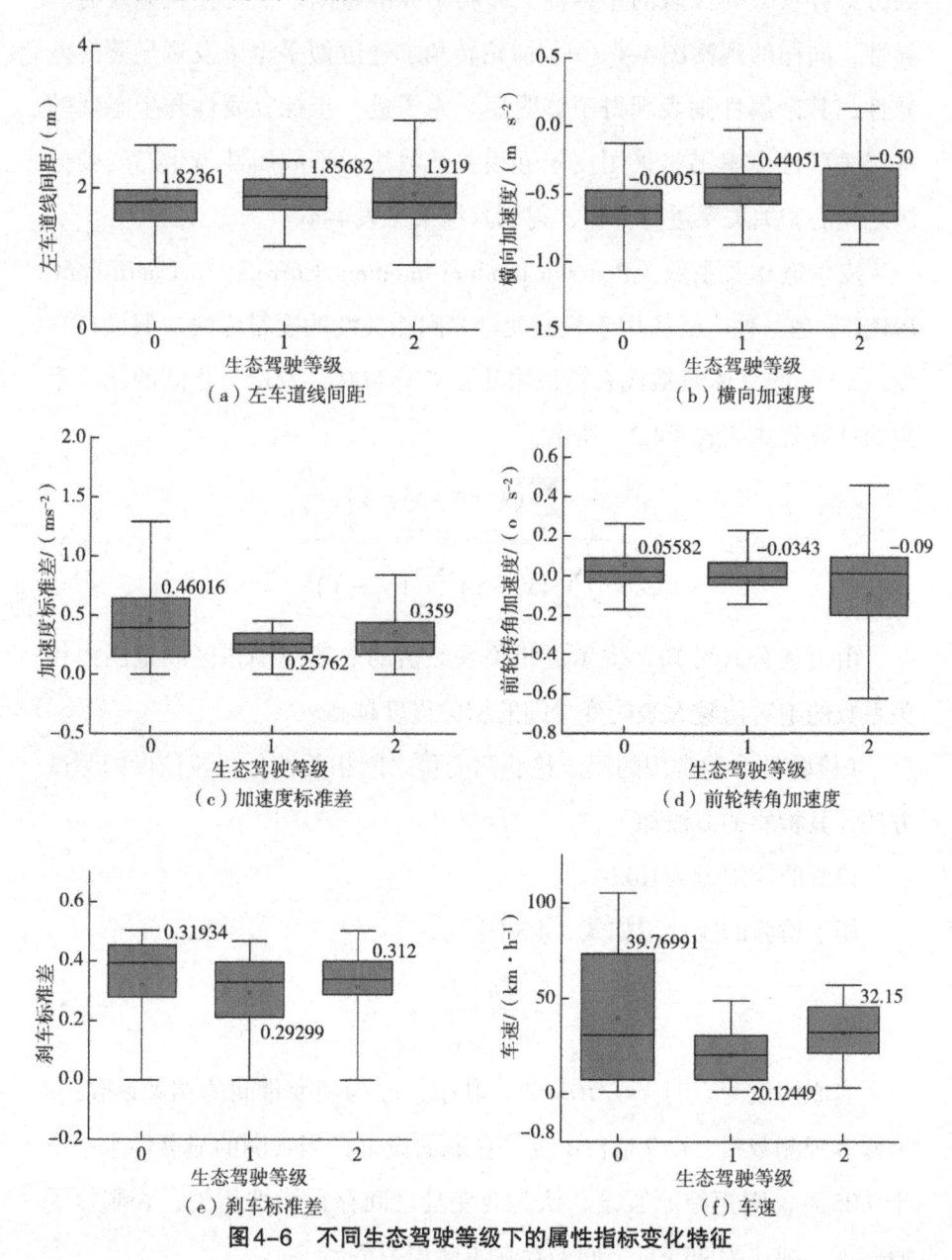

图4-6 不同生态驾驶等级下的属性指标变化特征

由图4-6可知，不同属性指标在不同生态驾驶等级下的差异表现略有不同。以图4-6（e-f）为例，可知在一定范围内，车速与生态驾驶等级分级存在较为显著的差异性。而刹车标准差则未发现存在显著的差异性，同样的观察图4-6（d）前轮转角加速度似乎也未发现显著的差异性，其余属性则表现得不够明显。为了进一步探究属性与生态驾驶等级关联性，本书将采用皮尔逊相关系数法对不同属性与生态驾驶分级之间的相关关系进行分析，得到其结果见表4-4。

皮尔逊相关系数（Pearson product-moment Correlation Coefficient, PMCC）是一种广泛应用于检验变量之间相关性的度量方法。假设存在变量x与y的总体服从或者近似服从正态分布时，变量与之间的相关系数的计算公式如式（4.2）所示：

$$r_{xy} = \frac{\sum_{i=1}^{n}(x_i - \bar{x})(y_i - \bar{y})}{\sqrt{\sum_{i=1}^{n}(x_i - \bar{x})^2 \sum_{i=1}^{n}(y_i - \bar{y})^2}} \quad (4.2)$$

由上述公式可知，皮尔逊相关系数值的取值范围在区间范围内相关系数的绝对值越大表明变量间的相关程度越高。

T检验是一种常用的用于检验两变量之间相关性分析置信度的测试方法，其检验的方法如下：

检验的原假设为H0:0。

用于检验的统计量如式（4.3）所示：

$$t = \frac{\sqrt{n-2}}{\sqrt{1-r_{xy}^2}} \cdot r_{xy} \quad (4.3)$$

当原假设为真时，$t \sim t(n-2)$。其中，r_{xy}为两变量间的相关系数，n为样本观测数量，$n-2$是自由度。在原假设下，当观测的显著性水平小于0.05时，则拒绝原假设，认为两变量之间存在线性相关；否则接受原假设，即认为两变量之间不存在线性相关关系。

表4-4 相关性检验

属性类别	Spearman 秩相关系数	
	Sig.（双侧）	相关系数
车速	0.000	−0.131**
刹车标准差	0.603	−0.019
前轮转角	0.000	−0.143**
转角标准差	0.001	−0.122**
前轮转角加速度	0.092	−0.062
加速度标准差	0.000	−0.133**
左车道线间距	0.039	0.075*
横向加速度	0.000	0.148**

**.在0.01级别（双尾），相关性显著；*.在0.05级别（双尾），相关性显著。

根据皮尔逊相关系数划分方法，一般认为相关系数取值绝对值在0.15以上则认为变量之间存在相关性。从表4-4的计算结果可以看出，除刹车标准差和前轮转角加速度外，其他六个属性与生态驾驶分类存在显著相关性（Sig<0.05）。具体来说，车速、转角标准差、加速度标准差、左车道线和横向加速度等指标在区分不同级别的生态驾驶行为方面表现出了显著性。然而，刹车标准差和前轮转角加速度两个属性与生态驾驶分级之间的相关性不显著。究其原因，刹车标准差的不显著性可能源于其对于驾驶风格和路况变化的高度敏感性，这表明在不同的道路和交通条件下，驾驶员的刹车行为可能变得不一致，从而降低了其作为生态驾驶指标的有效性。类似地，前轮转角加速度的不显著性可能暗示在评估生态驾驶行为时，单纯的车辆动态参数可能不足以提供全面的信息。

此外，根据相关系数的正负可知车速、前轮转角、转角标准差和加速度标准差与生态驾驶分级为负相关，左车道线和横向加速度与生态驾驶分级为正相关。

4.4 基于贝叶斯优化参数的M-SVM生态驾驶辨识方法

4.4.1 贝叶斯优化算法

由前文可知，在该数据集上表现最好的分类算法为SVM，故对SVM算法进行优化，达到更好的分类效果。SVM在多分类中主要通过一对一（one against one）、一对多（one against rest）两种方法进行实现，当样本量较小时，一对一支持向量机分类法计算效率高，应用更为广泛，故本书采用一对多分类支持向量机进行决策模型构建，记为M-SVM。

M-SVM的性能高度依赖于其关键超参数，即正则化参数C和径向基函数（RBF）核的参数σ。为实现最优的分类性能，对这些超参数的精确调整至关重要。在本书中，运用了贝叶斯优化算法（Bayesian Optimization Algorithm, BOA）来进行超参数的优化。此算法的核心在于在有限范围内通过寻找最大化标量函数$f(x)$的参数x来确定其最优值。该优化过程的函数表达式可以概述为：

$$x^* = \arg\max_{x \in X} f(x) \qquad (4.4)$$

式中，x和x^*分别为待优化参数及其最优值；X为参数变化范围；$f(x)$为目标函数。

在贝叶斯优化算法（BOA）中，目标函数$f(x)$的最大化是基于对现有样本点及其函数值的后验分布估计。算法通过采集函数从已有数据中确定下一最优采样点x^+，以期将优化目标推向全局最优。此算法相比传统方法如网格搜索，以其高效性和稳定性而突出。BOA基于目标

函数f(x)遵循高斯过程的假设,利用统计方法精确导向潜在的全局最优解。假设目标函数f(x)服从高斯过程,即

$$f(x) \sim GP(E(x), K(x)) \tag{4.5}$$

式中,$E(x)$和$K(x)$分别是该高斯过程的均值和协方差。

在贝叶斯优化算法中,选择下一个采样点x^+的过程由采集函数完成。常见的采集函数有两种:概率优化指标(POI)和期望改进量(EI)。POI通过蒙特卡洛模拟确定下一个点的位置,以最大化$f(x^+)$超过当前最佳值$f(x_b)$的概率,如式(4.6)所示。

$$x^+ = \arg\max(P(f(x) \geq f(x_b) + \xi)) \cdots = \arg\max\left(\Phi(\frac{\mu_n(x) - f(x_b) - \xi}{\sigma_n(x)})\right) \tag{4.6}$$

式中,$\mu_n(x)$和$\sigma_n(x)$分别为利用n个采样点确定的目标函数联合后验分布均值和协方差;ξ为可调参数,大于0。本书中,待优化参数x为M-SVM模型中的C和σ,C的优化范围为,σ的优化范围是。

选用高斯基函数作为M-SVM模型的核函数,并通过贝叶斯算法优化相关参数,记作BO-M-SVM,最终获得模型的最佳参数C=$10^{0.46}$和σ=$10^{-1.8}$。

4.4.2 不同决策算法结果对比

为了验证贝叶斯优化参数后的BO-M-SVM分类精度,本书从所有样本中随机抽取70%作为模型的训练集,将剩余的30%作为测试集进行验证试验。见图4-7,为采用贝叶斯优化参数后的BO-M-SVM对数据集进行测试的测试集混淆矩阵结果图。

在图4-7中,每一行0代表了真实的类别,而每一列代表了模型的预测类别。对角线上的单元格显示了每个类别正确预测的数量,而非对角线上的单元格则显示了错误预测的数量。具体来说,对于生态驾驶级别0,有75个样本被正确分类,没有样本被错误分类为生态驾驶级

图4-7 测试集混淆矩阵图

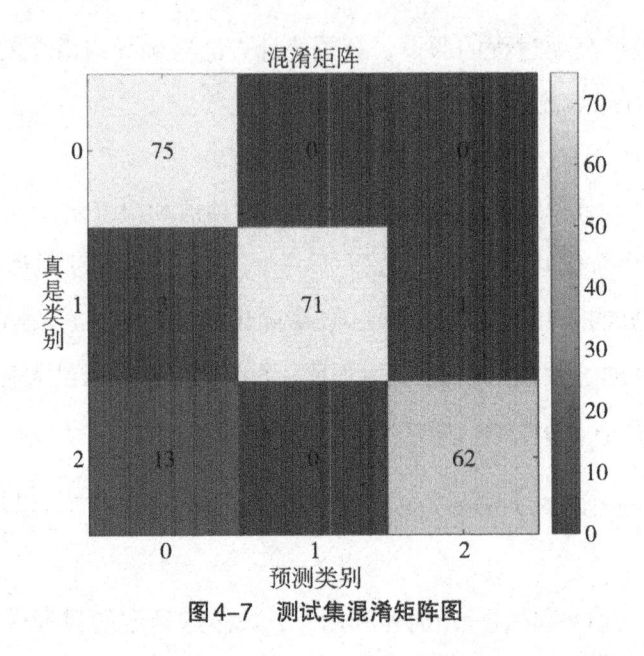

别1或2。对于生态驾驶级别1，有72个样本被正确分类，但有2个样本被错误分类为生态驾驶级别0。最后，对于生态驾驶级别2，有66个样本被正确分类，但有9个样本被错误分类为生态驾驶级别0。这说明了所提的BO-M-SVM算法对于大多数样本都能做出正确的预测并具有较低的误判率。

为了进一步验证所提出的优化算法的有效性，采用ROC曲线及AUC值对分类结果进行验证，见图4-8。

图4-8（a-c）中，直虚线为函数y=x的参考线，曲线表示ROC曲线。由图可知，3种生态驾驶级别下的ROC曲线都逼近完美曲线。由图4-6（d）可知，不同生态驾驶等级下的AUC值各不相同。其中，生态驾驶级别为0的AUC值为0.88，生态驾驶级别为1的AUC值为0.942，生态驾驶级别为2的AUC值为0.903。3个生态驾驶级别的AUC值都接近于1，证明贝叶斯优化参数后的BO-M-SVM具有较高的预测精度。

（a）生态驾驶级别0VS1/2

（b）生态驾驶级别1VS0/2

（c）生态驾驶级别2VS0/1

（d）不同级别下的AUC值

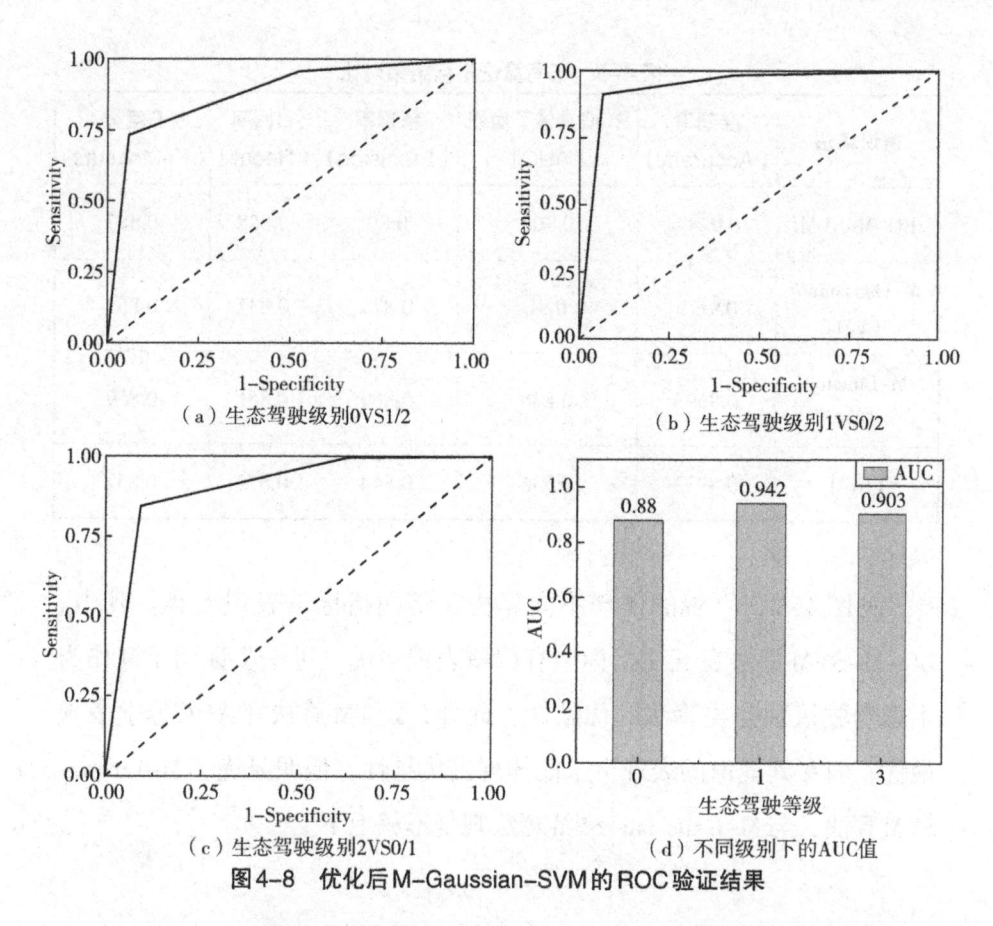

图4-8　优化后M-Gaussian-SVM的ROC验证结果

  为了进一步体现所提出的贝叶斯优化参数后的BO-M-SVM的高效性，本书选取线性内核支持向量机（M-Linear-SVM）、未经过参数优化的M-Gaussian-SVM和当下热门的LSTM算法进行对比。选取Accuracy、AUC、Precision、Recall和F-Measure指标进行评价。评价结果见表4-5，由表可知，经过贝叶斯优化参数后，选用高斯核函数的M-SVM四项指标有了提升，分别是Accuracy、Precision、Recall和F-Measure，这证明了贝叶斯算法优化参数的有效性。此外，通过未经过参数优化的M-Gaussian-SVM与线性内核支持向量机M-Linear-SVM对比可以发现，M-Gaussian-SVM的Accuracy、AUC和Precision三项指标更优于M-Linear-SVM，这说明了选用高斯核函数的有效性。

表4-5　不同算法指标结果对比

辨识算法	准确率（Accuracy）	ROC曲线下面积（AUC）	精确率（Precision）	召回率（Recall）	F度量（F-Measure）
BO-M-SVM	0.9244	0.908	0.89	0.888	0.887
M-Gaussian-SVM	0.9173	0.91	0.875	0.837	0.855
M-Linear-SVM	0.8693	0.838	0.869	0.851	0.859
LSTM	0.8933	0.936	0.844	0.872	0.857

见图4-9，直观的体现不同算法在不同指标下表现差异。其中，BO-M-SVM算法在五项指标中有四项表现最优，进一步证明了其作为生态驾驶级别分类算法的优越性。此外，LSTM算法在AUC值上表现最优，但在其他值的表现上未能体现出优越性，但明显优于M-Linear-SVM算法，与M-Gaussian-SVM算法则是不相上下。

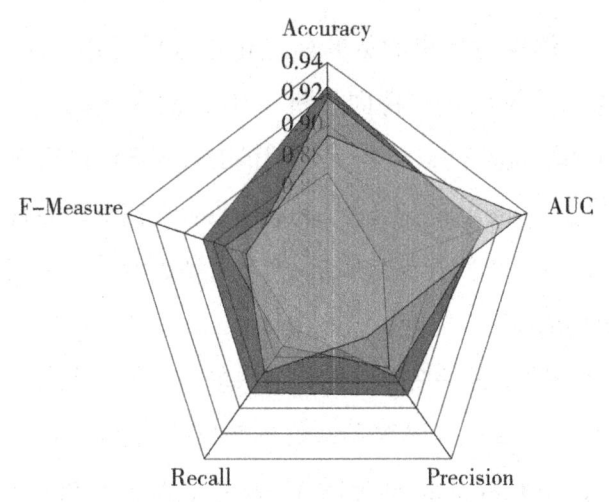

图4-9　不同算法的指标评价雷达图

5

"车桩融合"条件下充电桩电量预测及节能路径规划方法

电动汽车的运行不直接产生排放，其能源消耗发生在行驶过程中，但能量的生产及其排放在电力生产过程中发生，与充电过程同步。电动汽车充电过程中，充电站的负荷特性表现为阶梯函数，这是由于站内充电桩输出功率和电动汽车接受快充的输入功率有限造成。通过预测充电桩的负荷变化，可以间接分析电动汽车的分布模式，为车辆与充电桩协同的路径规划提供数据支持。

5.1 充电站负荷特性分析

5.1.1 充电站负荷数据特性

在国家电网有限公司经营范围内，电力采集系统每15min采集一次电表负荷数据，因此充电桩一年共有35040条（平年）/35136条（闰年）负荷数据。本研究获取了浙江省某市某电动汽车公司运营的所有充电站2021年全部负荷数据，编码方式为GB2312，存储格式为CSV。充电站包含若干充电桩，其数据格式包括用户名等基础信息、瞬时有功（即总负荷）、瞬时无功、各相位负荷、实时及累计电量数据等，每个充电桩负荷的存储格式见表5-1（三条数据分别对应待机状态、充电状态和满载状态）。

表5-1 充电桩负荷数据格式

用户编号	日期	瞬时有功	瞬时无功	A相电流	……	是否补招
3304612####03	2021-12-31 23:45:00	2.1	0.45	0.195	……	否
3304612####03	2021-12-31 22:15:00	124.8	-1.2	6.915	……	否
3304612####03	2021-08-31 19:30:00	967.95	3.45	54.555	……	否

图5-1(a)是用户编号为3304612####03的充电站2021年8月31日全天负荷分布。纵坐标为充电负荷，单位kW；横坐标为当日时刻。

5 "车桩融合"条件下充电桩电量预测及节能路径规划方法

当日充电负荷从早高峰前的7:00开始,到晚高峰后20:30结束。在18:30~19:30之间该站满负荷运行,与晚高峰契合,该站充电桩单桩最高功率为120千瓦,共有8台充电桩处于充电状态,上述数据均可直读。因此,充电桩充电负荷可以准确、客观体现充电站运行情况,即在某个长度为15min的时间段内有几辆电动汽车充电。

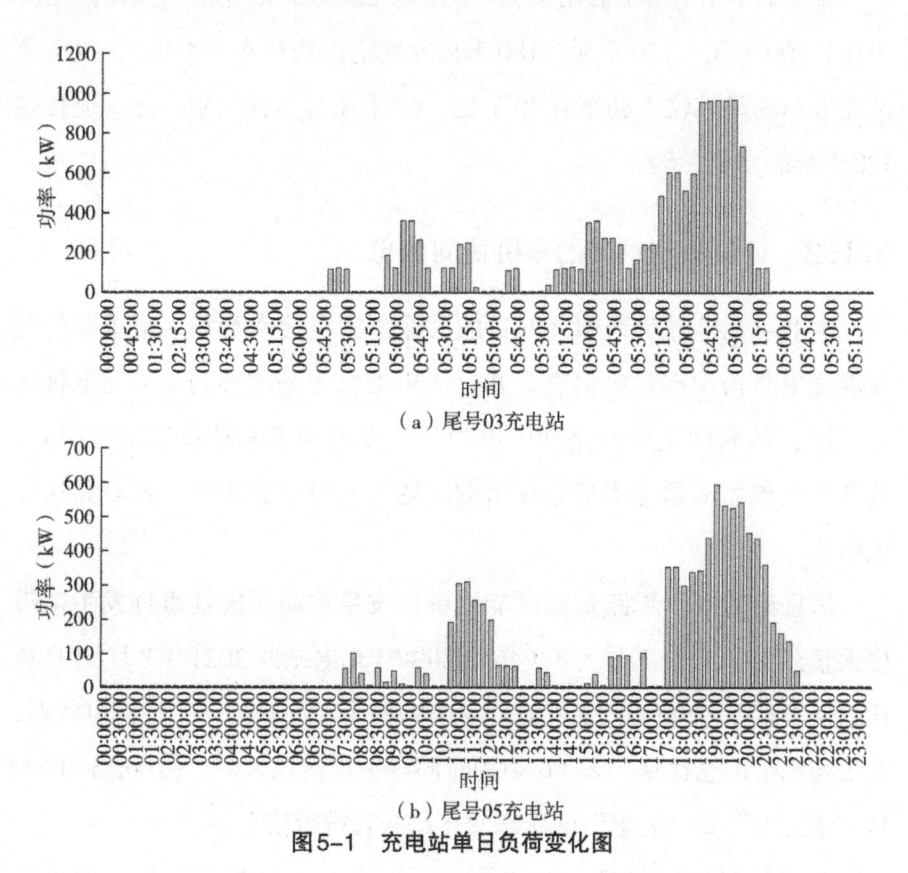

(a)尾号03充电站

(b)尾号05充电站
图5-1 充电站单日负荷变化图

电动汽车充电分为三个阶段,恒流、恒压、涓流阶段,除涓流阶段外,其他阶段的充电功率均是一致的,所以在图形中呈现"平顶"的形态。以图5-1(a)所示的尾号03的充电站为例,在非充电时段,充电站有2千瓦左右的待机负荷,在充电状态,充电桩用电功率迅速爬升至120千瓦的整数倍左右。表明该充电桩单桩最大功率120千瓦,且充电车辆

111

输入功率也在120千瓦左右。06:45~07:00之间，该站有1辆电动汽车开始充电，并在07:30~07:45之间结束；同理，各时间段有1~8辆不等的电动汽车充电，最高数量为8辆。仅单日数据可推断当天最多8辆充电，结合全年最多8辆的情况推断，更大可能性为该站只有8个桩。

对比图5-1(b)所示的用户编号3304612####05的充电站负荷，在60千瓦、100千瓦、120千瓦、180千瓦等处附近均存在"平顶"，说明该站充电车辆最大输入功率有40千瓦、60千瓦等多种类别，还可能存在120千瓦的充电车辆。

5.1.2　负荷数据携带的车桩协同信息

本书对充电桩负荷预测的目的，除预测负荷本身外，更重要的是获取充电负荷中携带的信息，并以历史信息为基础推测未来充电桩运营情况，从而间接推断路网中电动汽车充电需求和选择情况。因此，选择充电模型时要考虑信息保留的问题，通过信息论的原理对算法作预筛选。

信息论的基本思路是低可能性事件发生比高可能性事件发生携带更大信息量，对于编号为3304612####03充电站的2021年8月31日负荷数据而言，07:00~07:15和07:15~07:30两个时间段处于平稳充电状态，其平均携带信息比从0:00~06:30的时间段平均信息要多，但06:45~07:00从"未充电"到"充电"的状态变化比两者携带信息多。

上述思路的定量描述方式为以下定义：一是相对高可能性事件信息量较少，且极端情况下，必然事件没有信息量；二是相对低可能性事件具有更大信息量；三是独立事件具有增量信息。例如07:00-07:30两个时间段连续处于"1个桩充电"状态，包含的信息是07:00-07:15"1个桩充电"的两倍。

信息论中定义一个事件的自信息为

$$I(x) = -\log_2 P(x) \qquad (5.1)$$

以2为底的对数求得的信息单位为比特或者香农（shannons），本书使用香农作信息单位。

为求得分布的概率，对于负荷这种连续变量应当采取分段方式。对于编号为3304612####03充电站的负荷，其分段是清晰的，定性描述为2千瓦左右、120千瓦左右、240千瓦左右……960千瓦左右，分别代表1辆车充电、2辆车充电……8辆车充电。包含全部有效信息的定量分段应为：$0 \leqslant$ 且 $< 60\text{kW}$，$60 \leqslant$ 且 $< 180\text{kW}$，$180 \leqslant$ 且 $< 300\text{kW}$……$900 \leqslant$ 且 $< 1020\text{kW}$。按此划分规则，该站2021年全年负荷的香农值为56.40。表5-2给出了按照上述分段对应的2021年全年该站充电车辆频次，分布频次见图5-2。

表5-2 编号3304612####03充电站2021年充电车辆频次

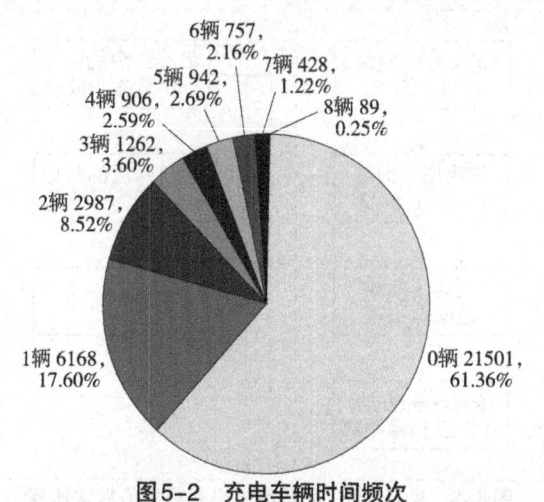

分组	$0\leqslant$&<60	$60\leqslant$&<180	$180\leqslant$&<300	$300\leqslant$&<420	$420\leqslant$&<540	$540\leqslant$&<660	$660\leqslant$&<780	$780\leqslant$&<900	$900\leqslant$&<1020
充电车数	0	1	2	3	4	5	6	7	8
频数	21501	6168	2987	1262	906	942	757	428	89

图5-2 充电车辆时间频次

由图5-2中可知，不同数量电动汽车同时充电的时间占比接近指数下降，与实际统计数据相契合，体现了充电桩负荷描述车辆充电情况的准确性和客观性。

5.2 数据预处理

5.2.1 异常值处理

由于采集系统稳定性因素，数据可能存在波动点、断层异常等现象，需要进行异常值处理。如3σ-法则、箱图等传统处理方式对于充电站负荷这类常态处于低值的数据不适用，因此本书选用K-means聚类算法识别异常值，将距离簇中心较远的数据点视为异常值，通过设定阈值来实现异常值的筛选和识别，图5-3为K-means聚类算法识别异常值算法流程。根据筛选结果，编号3304612####03充电站2021年全年负荷数据中未出现异常值，采集系统数据质量整体较好。

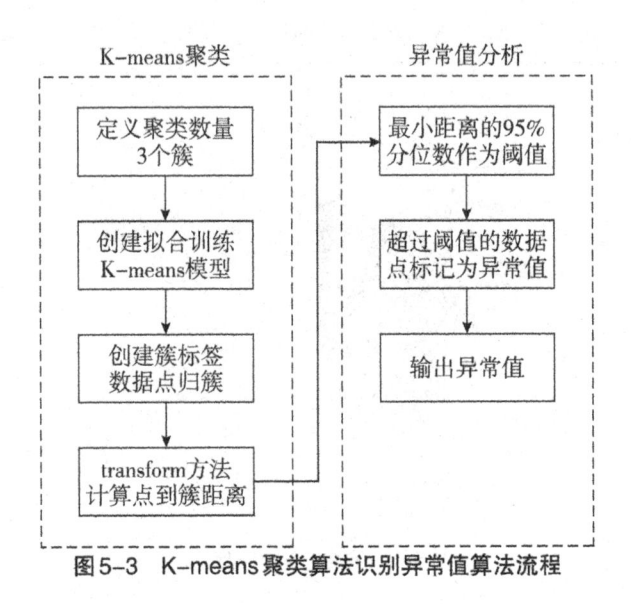

图5-3 K-means聚类算法识别异常值算法流程

5.2.2 缺失值处理

时间序列数据缺失值的常用填充方式为平均值、邻近点的线性趋势判定。负荷数据的缺失值可由邻近点形成的回归关系确定，数据波动不大时则使用平均值填补电量数据的缺失值。见表5-3，尾号为03的充电站2021年负荷原始数据因采集失败等原因，在9月18日11:45存在一个缺失值，该缺失值处于充电期间（前置待机出现在10:45，后置待机出现在12:30），因此不能简单使用平均值法作缺失值处理，需要采用线性回归方法。

表5-3　尾号03充电站数据缺失情况

用户编号	日期	瞬时有功	瞬时无功	A相电流	……	是否补招
3304612####03	2021-09-18 10:45:00	2.25	-2.25	0.225	……	否
3304612####03	2021-09-18 11:00:00	121.95	-1.35	6.795	……	否
3304612####03	2021-09-18 11:15:00	129	-0.15	7.155	……	否
3304612####03	2021-09-18 11:30:00	235.05	-4.95	13.2	……	否
3304612####03	2021-09-18 11:45:00	NaN	NaN	NaN	……	否
3304612####03	2021-09-18 12:00:00	372.9	0.9	20.82	……	否
3304612####03	2021-09-18 12:15:00	37.5	-5.85	2.19	……	否
3304612####03	2021-09-18 12:30:00	1.65	0.3	0.165	……	否
3304612####03	2021-09-18 12:45:00	1.65	0.3	0.165	……	否

线性回归的步骤为：

第一步，选择一个或多个特征变量作为自变量，用于预测缺失数据的目标变量。这里自变量为"日期"列对应的时间，目标变量为

"瞬时有功"列。

第二步，将数据集分为两部分，已知目标变量的样本和缺失目标变量的样本。

第三步，使用已知目标变量的样本训练线性回归模型。已知目标变量的样本中的特征变量作为自变量，目标变量是缺失的那部分数据。

第四步，利用训练好的线性回归模型对缺失目标变量的样本进行预测，得到缺失数据的估计值。线性回归的结果为112.74375，按照原始数据格式，保留小数点后两位为112.74。

5.2.3 数据标准化

先将数据归一化到标准区间，本研究负荷数据被归一化至区间[0,1]。公式如下所示：

$$X_{norm} = \frac{X - X_{min}}{X_{max} - X_{min}} \quad (5.2)$$

其中 X_{max}、X_{min}，分别为最大、最小值；X 为原始值；X_{norm} 为归一化后的值。

标准化处理后的部分数据见表5-4。

表5-4 尾号03充电站标准化后数据（部分）

用户编号	日期	瞬时有功	标准化后值
3304612####03	……	……	……
3304612####03	2021-09-18 10:45:00	2.25	0.000931099
3304612####03	2021-09-18 11:00:00	121.95	0.124767225
3304612####03	2021-09-18 11:15:00	129	0.132060832
3304612####03	2021-09-18 11:30:00	235.05	0.241775295
3304612####03	……	……	……

5.3 基于LSTM神经网络的充电站负荷预测

因原始负荷数据高精度的特性，造成常用的时间序列模型 ARIMA 不匹配本书需求（采用ARIMA预测需将采集频率压缩至每小时，香农值下降至53.02）。但因数据呈现典型的时间序列特性，因此选择的充电站负荷预测模型需匹配对应需求，同时模型的选择也应该兼顾效率和解释性。按照此设计思路，LSTM神经网络相对其他神经网络模型或者深度学习模型具备一定的优势。

5.3.1 LSTM神经网络算法

图5-4为LSTM神经网络算法预测充电站负荷的算法流程：

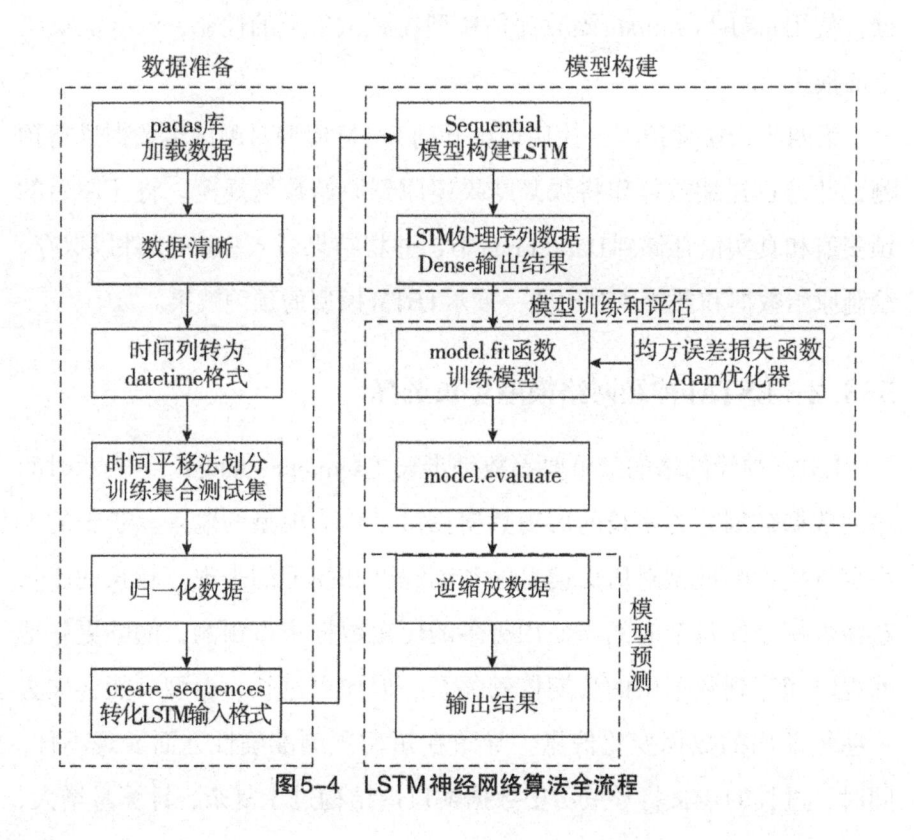

图5-4 LSTM神经网络算法全流程

第一步，数据构建阶段：使用Padas库加载数据并进行数据清洗，包括删除缺失值、日期时间列转换为datetime格式。在拆分训练集和测试集时，由于电量预测结果对比的需要，使用时间窗平移法而不是随机拆分法。对目标特征"瞬时有功"进行归一化处理，将数据缩放到[0,1]的范围内，以便神经网络更好地学习。创建时间序列数据，通过create_sequences函数将数据转换为适合LSTM模型的输入格式。

第二步，模型构建：使用Keras中的Sequential模型构建LSTM模型。其中LSTM层负责处理序列数据，Dense层用于输出结果。使用均方误差作为损失函数，Adam作为优化器来编译模型。

第三步，模型训练和评估：使用model.fit函数对模型进行训练，指定了训练的epoch数目和批处理大小，同时传入了验证集作为验证数据。使用model.evaluate函数评估模型在测试集上的性能，计算测试集上的损失值。

第四步，模型预测：使用训练好的LSTM模型对测试集数据进行预测，并通过逆缩放操作将预测结果还原到原始数据规模。将还原后的预测值和真实值存储到DataFrame中，并将结果写入Excel文件以保存。绘制原始数据和预测值对比图，展示LSTM模型的预测效果。

5.3.2 LSTM神经网络模型步长选择

LSTM神经网络的最重要参数是步长（sequence length），表示时间序列数据被划分为多长的历史数据窗口来作为模型的输入。步长的大小会直接影响模型对历史信息的利用程度和模型的表现。较长的步长意味着模型在每个时间步使用更多的历史数据来做预测，能够更好地捕捉时间序列数据中的长期依赖关系；但如果过长，模型可能会失去一些短期内的数据变化信息，导致在短期预测准确性方面表现不佳。同时，过长的步长将导致历史数据窗口内结构过于复杂，计算量增大、

5 "车桩融合"条件下充电桩电量预测及节能路径规划方法

模型效率下降。

当选择全天的数据点数96作为LSTM模型的步长时，在第15轮周期（epoch）训练时出现了梯度爆炸，表明步长过长，因此选择48作为起始步长，并按照每小时数据4个点的整数倍选择步长。

不同步长的模型性能对比见表5-5，每列分别是包含整天数据的96个点、12小时数据的48个点，6小时数据的24个点，3小时数据的12个点和1小时数据的4个点，见表5-5。

表5-5 不同参数表现

步长	96	48	24	12	4
平均训练时长（s）	57.02	29.02	15.98	8.08	4.04
MSE	（梯度爆炸）	5482.74	5818.50	6151.20	6958.56
RMSE		74.05	76.27	78.42	83.41
ME		472.59	460.53	508.58	612.07
MAE		44.20	45.21	47.26	53.24
MAPE		590.76	577.14	605.20	853.60
R2		0.8501	0.8408	0.8316	0.8095

模型性能指标共4组：①平均训练时长，主要评估模型效率；②MSE（均方误差）和RMSE（均方根误差），该组指标通过预测结果和真实值之间的均方（根）误差来评估模型的性能；③ME（最大误差）、MAE（平均绝对误差）和MAPE（平均绝对百分比误差），通过预测结果和真实值之间的误差情况来评估模型的性能；④ R^2（决定系数），用于衡量回归模型拟合程度。

平均训练时长是在表5-6中所示的服务器硬件环境中实现的，平均训练时长随着训练步长的减小而以略低于线性减小的幅度缩短。如使用PC训练时长将大幅增加，以HP Zbook14u笔记本电脑为例，步长48的平均训练时长为29.17小时。

表 5-6 硬件环境

硬件	配置
CPU	CPU Intel 6230R×2
内存	64G×8
系统硬盘	2T NVMe×1
数据硬盘	4T SATA×4
显卡阵列	RTX 3090 24G×8

除平均训练时长外，其他3组性能指标随着步长的减少而变差。充电站的充电情况以24小时为单位发生接近周期性的变化，过短的步长无法整体反映数据中包含的信息。因此，综合模型训练效率和准确率，选择步长24的LSTM模型以满足研究需要。

5.3.3 LSTM神经网络模型预测结果

1. 预测结果

图5-5（a）为整个测试集中LSTM神经网络模型预测结果与真实值对比，时间从10月20日开始，到12月31日为止，以天为间隔。图5-5（b）是从中抽取的11月1日全天数据，从0:00开始至23:30为止，以半小时为间隔。

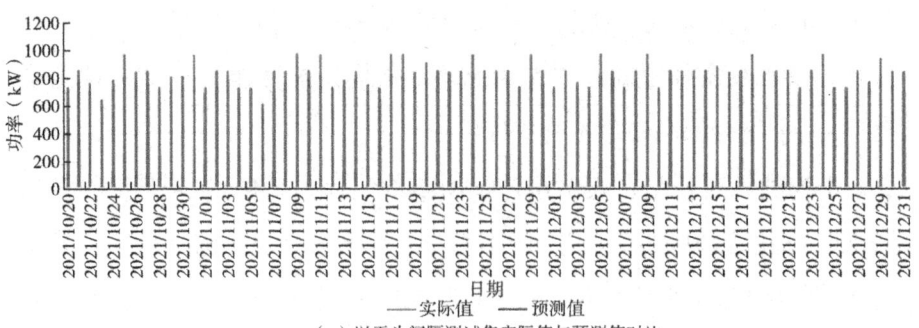

（a）以天为间隔测试集实际值与预测值对比

（b）以半小时为间隔11月1日当天实际值与预测值对比

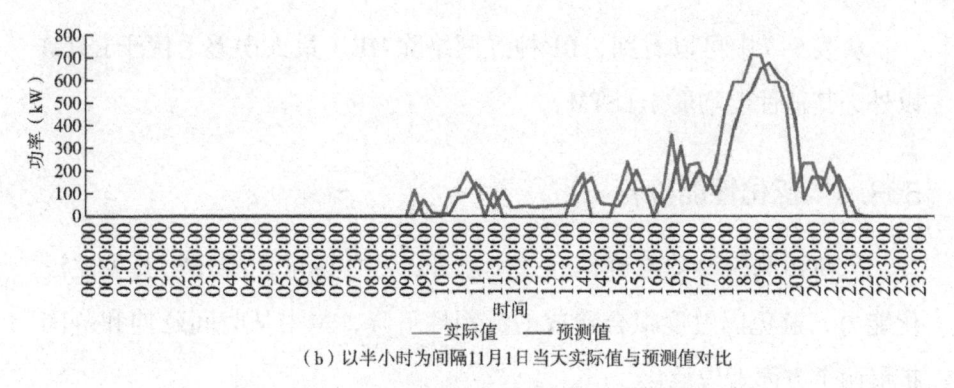

图5-5 LSTM神经网络充电站负荷预测结果

从图5-5中可知，LSTM模型有效地跟随了编号3304612####03的充电站日负荷的变化，满足负荷预测要求。

2. 与BP神经网络结果对比

根据数据特性，创建包括一个输入层、一个隐藏层和一个输出层的BP神经网络，输入特征1个，隐藏层50个神经元，输出层1个神经元。使用nn.Linear定义全连接层，激活函数采用ReLU。定义了损失函数（均方误差：nn.MSELoss）和优化器（Adam优化器：optim.Adam）。

LSTM神经网络与BP神经网络在性能上的对比见表5-7。

表5-7 LSTM与BP性能对比

模型	LSTM	BP
MSE	5818.50	38632.68
RMSE	76.27	196.55
ME	460.53	-42.36
MAE	45.21	124.4
MAPE	577.14	2037.12
R2	0.8408	-0.0573

从表5-7中可以看到，BP神经网络除ME（最大误差）优于LSTM以外，其他性能均弱于LSTM。

5.3.4 泛化性能检验

负荷预测模型除准确性和效率之外，在实际应用中还需要关注泛化能力，避免因过度拟合造成的泛用性下降，本书从时间延伸和范围扩展两个方面考虑泛化。

时间上，在原有2021年全年数据基础上增加2022年1月1日—6月30日负荷数据，数据总量为52414条，增加49.6%，见表5-8。

表5-8 时间延伸表现

	时间延伸前	时间延伸后
平均训练时长（s）	15.98	24.20
MSE	5818.50	5371.89
RMSE	76.27	73.29
ME	460.53	635.64
MAE	45.21	48.09
MAPE	577.14	896.49
R^2	0.8408	0.8502

从表5-8中可以看到，数据量增加后，训练时间相应增加了51.4%；预测结果和真实值之间的均方（根）误差下降；预测结果和真实值之间的误差升高；回归模型拟合程度提高。表明随着数据量的增加，模型能够更好地实现自我调整。

范围上，覆盖第6章路网涉及5个充电站（含编号3304612####03充电站），测试数据均为2021年全年数据，LSTM在各充电站负荷预测上的表现见表5-9。

表5-9　LSTM在各充电站负荷预测上的表现

充电站编号（后2位）	03	04	05	06	77
平均训练时长(s)	15.98	15.98	16.00	16.02	15.98
MSE	5818.50	4693.43	2601.25	123.85	689.32
RMSE	76.27	68.50	51.00	11.12	26.25
ME	460.53	540.31	679.01	132.95	180.54
MAE	45.21	42.93	29.93	5.98	16.97
MAPE	577.14	627.52	247.70	334.31	340.71
R2	0.8408	0.4528	0.8805	0.3911	0.4774

从表5-9可以看到，针对路网内其他4个充电站，本书所采用的LSTM神经网络模型在训练时间上基本没有波动。其他4个充电站应用该模型后，由于数据形态的差异，三组性能指标存在一定的波动但并未出现明显下降，部分甚至出现提高情况，表明模型适用于第6章路网中的各充电站。

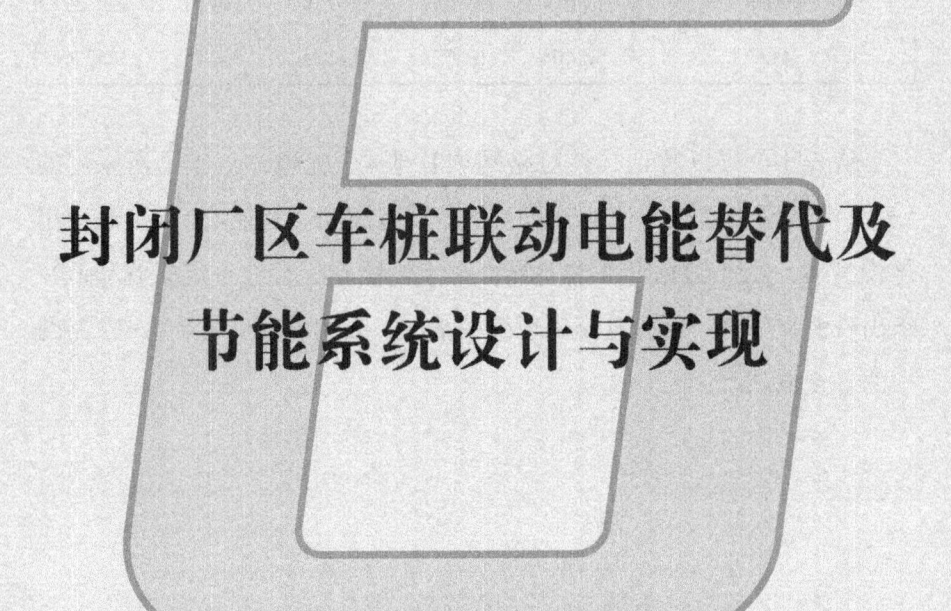

封闭厂区车桩联动电能替代及节能系统设计与实现

封闭厂区充电桩车桩联动电能替代及节能方法

6.1 引言

本章是对本书开发的"生态驾驶行为辨识及路径规划系统"进行介绍，分为系统设计、系统实现、系统操作与测试3个方面。系统的构建模式为C/S模式（客户端—服务器），客户端负责与用户进行交互，服务器负责处理客户端发送的请求，执行相应的功能并返回结果给客户端。将前文中的生态驾驶辨识和路径规划等各种研究成果在本系统中进行集成体现，实现了用户信息采集，各项数据采集和传输、数据预处理、辨识模型的构建、基于车桩协同的路径规划等功能。

6.2 系统框架

本系统的主要任务为对驾驶员的基本信息进行采集，对驾驶过程中的车辆数据、视频数据、导航和雷达数据进行采集和传输，使用卡尔曼滤波等对驾驶信息进行修正，并对数据集进行特征选择，选择出合适的特征集，进而构建生态驾驶辨识模型，实现对驾驶员进行生态驾驶辨识，并融合车桩协同功能对驾驶员的生态驾驶路径进行规划。

1. 系统设计目标

本系统的设计目标为通过计算机技术对驾驶员信息和驾驶员驾驶信息进行采集和储存，设计用户交互界面，实现用户和系统的有效沟通；采用数据分析算法对数据进行预处理得到修正数据集，并对数据集进行分析，得到生态驾驶辨识模型，在此基础上实现融合车桩协同的生态驾驶路径规划。

2. 系统设计原则

系统设计原则是指在设计过程中应遵循的一些基本原则。一些常见的系统设计原则包括：

（1）模块化：将系统拆分为多个独立的模块，每个模块负责一个特定的功能，便于开发和维护，可以提高系统的可维护性和可扩展性。

（2）可重用性：设计可重用的组件和模块，可以提高开发效率和代码质量。

（3）可扩展性：考虑到未来可能的需求变化，设计系统具有良好的扩展性，方便添加新功能或模块。未来可根据需要对系统的功能进行扩展。

（4）高效性：设计高效的算法和数据结构，以提高系统的性能和响应速度。

（5）可操作性：设计直观、易于理解和使用的用户界面，使用户能够轻松地进行操作。

3. 系统功能模块设计

系统功能模块设计是指将系统划分为多个独立的模块或组件，并定义它们之间的关系和依赖。本书开发的系统主要有信息录入模块，数据采集模块，数据预处理模块，生态驾驶辨识模块，路径规划模块，将系统功能模块化有利于提高系统的维护性，有利于后续系统的扩展功能。图6-1为系统功能总体框架图。

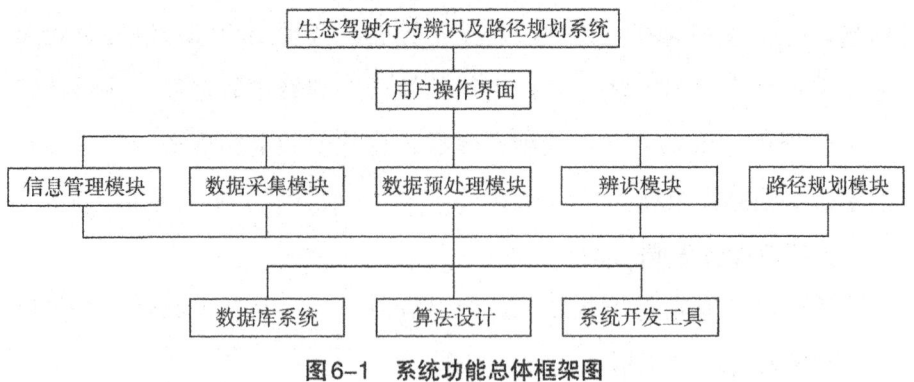

图6-1 系统功能总体框架图

6.3 系统设计方案

系统详细设计是在系统总体功能模块设计的基础上,对各个功能模块进行更加具体和详细的设计,其中包括开发工具、详细的系统功能、系统数据库设计等的介绍。

6.3.1 开发工具

本书使用的开发工具是Python程序设计语言和PyQt5 GUI开发框架。Python诞生于20世纪90年代,由荷兰数学和计算机科学研究学会的Guido van Rossum设计。解释型语言的特点,简单有效地面向对象编程,以及高效的高级数据结构,使得Python成为众多开发者选择的快速开发应用和写脚本的编程语言。版本的不断更新,使其逐渐被用于独立的、大型项目的开发,尤其是在人工智能、机器学习、深度学习领域,Python也被广泛使用。使用Python对GUI应用程序进行开发具有以下优点:

(1) Python是一种跨平台的语言,可以在多个操作系统上运行,包括Windows、Mac OS和Linux等。因此,使用Python开发的GUI应用程序可以在不同的操作系统上无缝运行,大大提高了应用程序的可移植性。

(2) Python具有高效的开发速度,可以快速实现GUI界面的原型和功能。Python的动态类型和灵活的语法使得开发者可以快速进行迭代和调试,节省了开发时间。

(3) Python拥有庞大的第三方库生态系统,开发者可以利用这些库来实现各种功能需求,如图像处理、数据可视化、网络通信等。这些库可以与GUI库无缝集成,提供更多的功能和扩展性。

本系统的用户图形界面设计选择PyQt5作为开发软件。PyQt5由一组 Python 模块组成，是在 Digia 公司强大的图形程式框架 Qt5 的基础上开发的。PyQt5 包含超过 620 个类和 6000 个函数及方法，还支持在多个系统上运行，包括 MacOS，Windows，和 Unix。除了支持界面设计（GUI 编程），PyQt5 还具有多线程、网络编程、视频音频、数据库连接等开发者常用的功能。

6.3.2 系统功能详细设计

1. 驾驶员信息管理模块

驾驶员信息管理模块的功能是对驾驶员的驾驶信息进行管理，结构见图 6-2，其中包含了用户界面的设计、驾驶员信息的增删改查、信息验证和储存功能。实现驾驶员信息的有效管理。

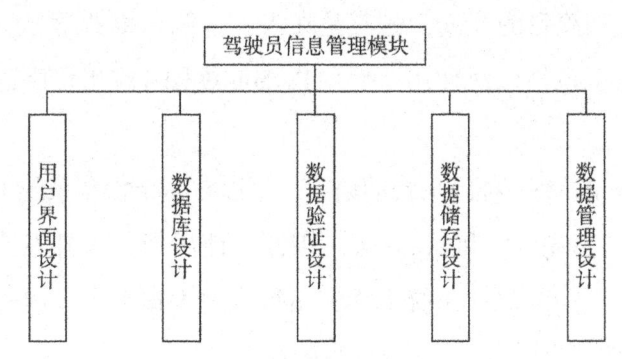

图 6-2 驾驶员信息管理模块框架图

（1）用户界面设计：用户输入相关信息，界面可以包括文本框、下拉菜单、单选框等控件，用于输入驾驶员的姓名、年龄、性别、驾龄等信息。

（2）数据库设计：将数据链表进行组键定义，分层分级实现数据表间主从关系的确定。

（3）数据验证设计：在用户输入信息后，驾驶员信息录入模块会对输入的数据进行验证，以确保数据的合法性和完整性。例如，对姓名字段进行验证，确保输入的是有效的字符串，不包含非法字符。

（4）数据存储设计：验证通过的驾驶员信息将被存储到数据库中。驾驶员信息包括驾驶员的基本信息，如姓名、年龄、性别、驾龄以及生态驾驶节能潜力等。

（5）数据管理设计：其功能包括添加、编辑和删除驾驶员信息的操作。用户可以通过界面进行这些操作，以便对驾驶员信息进行维护和更新。

2. 数据采集模块

数据采集模块的主要功能是从智能手机数据采集App、导航系统、雷达传感器、摄像头中采集数据，并进行可视化和存储。图6-3为数据采集模块框架图。

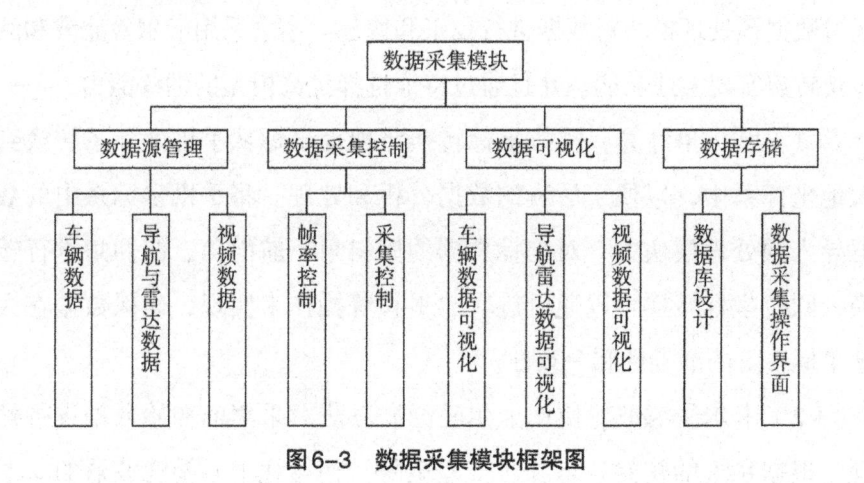

图6-3 数据采集模块框架图

（1）数据源管理：是一个用于管理和配置各种数据源的功能。本书通过该功能对智能手机App、导航系统、雷达传感器、摄像头等数据源进行管理。数据源管理提供了一种集中管理和配置这些数据源的方式，以便更方便地进行数据采集和处理。

（2）数据采集控制：采集功能支持设置数据采集的频率和时间间隔，根据需求进行实时采集或按固定时间间隔进行采集。提供开始、停止和暂停数据采集的控制功能。

（3）数据可视化：对采集的数据进行可视化展示，能够直观地对数据进行分析和理解。通过数据可视化，能够让用户更容易发现数据中的模式、趋势和关联关系。

（4）数据存储：设计各类数据的数据库，对各项数据进行分类存储，以便数据能够对采集到的数据进行分类和管理。

3. 数据预处理模块

本书采集的数据来自不同的数据源，并且在传输过程中可能会由于环境干扰、传感器故障、数据传输丢包等因素导致数据值出现异常和丢失的情况，并且需要对地理坐标方向和手机坐标方向进行匹配。故需要通过数据预处理模块对数据进行校正和修复。本书采用卡尔曼滤波和欧拉角转换实现上述功能。并且通过特征选择提高模型的训练能力。

（1）欧拉角计算：欧拉坐标转换将地理坐标从手机坐标系转换到大地坐标系中，以便于后续的数据分析和处理。将手机坐标系中的数据导入预处理模块中，对坐标数据的倾斜角、航向角、俯仰角进行转换，欧拉坐标转换可以通过旋转、平移等操作来实现，确保数据在大地坐标系下的准确性和一致性。

（2）卡尔曼滤波：使用卡尔曼滤波算法对采集的初始数据进行处理，根据系统的初始状态和协方差矩阵，初始化卡尔曼滤波器的状态估计和误差协方差；根据初始数据，预测数据状态值和误差协方差；根据测量模型和当前的测量值，计算卡尔曼增益，更新系统状态的估计值和误差协方差。根据卡尔曼滤波器的状态估计，输出滤波后的数据，即去除噪声和异常值的数据。

（3）特征选择：是指从原始数据中选择最具有预测能力的特征。

通过特征选择，可以减少特征维度，提高模型的训练效率和泛化能力。本书经过实验分析得出了径向基网络、包装器、径向增谊、随机搜索这4种特征选择方法适用于当前的数据集，故本系统将这4种特征属性选择算法写入系统中用于数据预处理。

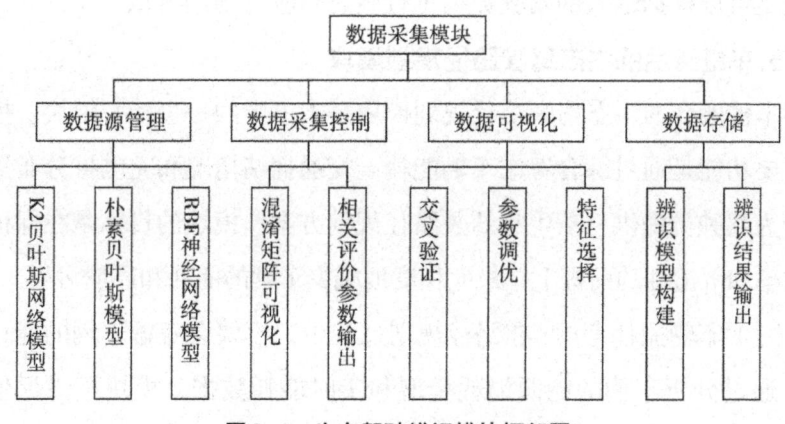

4. 生态驾驶辨识模块

生态驾驶辨识模块是本书中的核心模块，在上述模块中，本书已经完成了数据采集和特征提取的工作，为生态驾驶辨识模型的构建建立了基础。本书使用的辨识模型包含了朴素贝叶斯模型、K2贝叶斯网络模型、RBF神经网络模型、ID3决策树模型、KNN模型以及SVM模型。实现了算法的评价指标的输出，并对相应的模型算法设置了参数调优功能，最终得到一个合适的生态驾驶辨识模型。图6-4为生态驾驶辨识模块框架图：

图6-4 生态驾驶辨识模块框架图

（1）辨识算法选择：本书采用了多种辨识算法，包括朴素贝叶斯模型、K2贝叶斯网络模型、RBF神经网络模型、ID3决策树模型、KNN模型和SVM模型。选择适合的算法是基于不同算法的特点和适用场景，通过综合考虑模型的准确性、效率和可解释性等因素，以确保模型的可靠性和实用性。

（2）算法评估参数：在建立辨识模型的过程中，本书对所选算法进行了评估。对算法的混淆矩阵进行了可视化，并通过使用评价指标，如准确率、均方根误差等，对模型的性能进行评估。可以得到模型的预测能力和泛化能力。本书通过输出评估参数，对模型的性能做一个客观的衡量，从而为模型选择和优化提供依据。

（3）算法调优功能：在评估模型性能的基础上，本书对辨识算法进行了参数调优。通过调整模型的超参数或尝试不同的算法配置，进一步改进模型的性能，此外本书还采用了交叉验证和再次特征选择的方式进行算法优化。

（4）辨识模型：综合辨识算法选择、算法评估参数输出和算法调优的结果，本书构建了合适的生态驾驶辨识模型并对模型进行保存。该模型可以根据输入的驾驶数据进行生态驾驶行为的辨识。

5.车桩融合的生态驾驶路径规划模块

车桩融合的生态驾驶路径规划模块是本书中的一个核心模块。模块的主要功能是通过综合考虑车辆能耗、交通拥堵情况和充电桩分布等因素，为驾驶员提供一条生态驾驶路径规划方案。模块的目标是在保证驾驶效率和舒适性的前提下，最大程度地减少车辆的能耗和环境污染。

（1）车辆能耗考虑：在路径规划过程中，模块会考虑车辆的能耗情况。通过分析车辆的能源消耗模型和实时能耗数据，模块可以评估每个路径的能耗情况，并优化路径选择以降低能耗。这有助于提高车辆的燃油利用率和减少环境的影响。

（2）交通拥堵情况考虑：模块还考虑交通拥堵情况，以避免选择拥堵的道路。通过实时获取交通信息或历史数据，模块可以评估不同路径的交通状况，并选择最优路径以减少行驶时间和燃料消耗。

（3）充电桩分布考虑：在生态驾驶路径规划中，充电桩的分布是一个重要因素。模块会考虑充电桩的位置和可用性，以便在规划路径时确保路径上有足够的充电桩可供使用。通过充电桩的信息和驾驶员的充电需求，模块可以选择经过充电桩的路径，以便在需要时进行充电。

充电站在城市中的分布是很不规律的，在距离市中心的较近的区域，充电站的分布比较密集，而远离市中心的区域充电站的分布则变得加稀疏。当处于靠近市中心的位置时，周围可能有很多充电站可供选择，系统如果对所有充电站都进行遍历，计算各充电站到出发点的路程及能耗等，将会严重影响系统运行效率，极大耗费计算资源，因此需要对充电站数据进行预筛选，筛除离用户较远的暂不考虑的充电站。

此外，为了综合考虑充电价格、充电桩充电速度快慢等因素，本模块将市区预筛选标准设为10，以满足用户多样化需求。在郊区时，充电站分布十分稀疏，充电桩的数量较少，并且各个充电站距离起始点的直线距离相差较大，此时不必要以10为标准筛选充电站。

为了解决市区充电站过于密集时可能漏掉最优解以及郊区充电站太少而产生不必要的时间开销的问题，本模块采用了动态调整筛选条件的方式。当第9和第10个最近的充电站离出发点直线距离相差小于300米时，可以判断该区域充电站分布密集，筛选数量加一直到最后两个充电站到出发点距离相差大于300米。而如果第9和第10个最近充电站离出发点直线距离相差大于5千米，可以判断该区域充电站分布稀疏，筛选数量减一直到最后两个充电站到出发点距离相差小于5千米，如果充电站数量减到5，则不再继续筛选了，这是为了避免样本空间太小导致结果不准确。具体流程见图6-5。

对于本书而言，通过开放地图重新开发一整套路径规划程序和方案将消耗大量的时间和经济成本，在当前各主流导航系统开放API接口的前提下，直接引用导航系统数据在可行性、经济性和科学性方面都是较优选择。

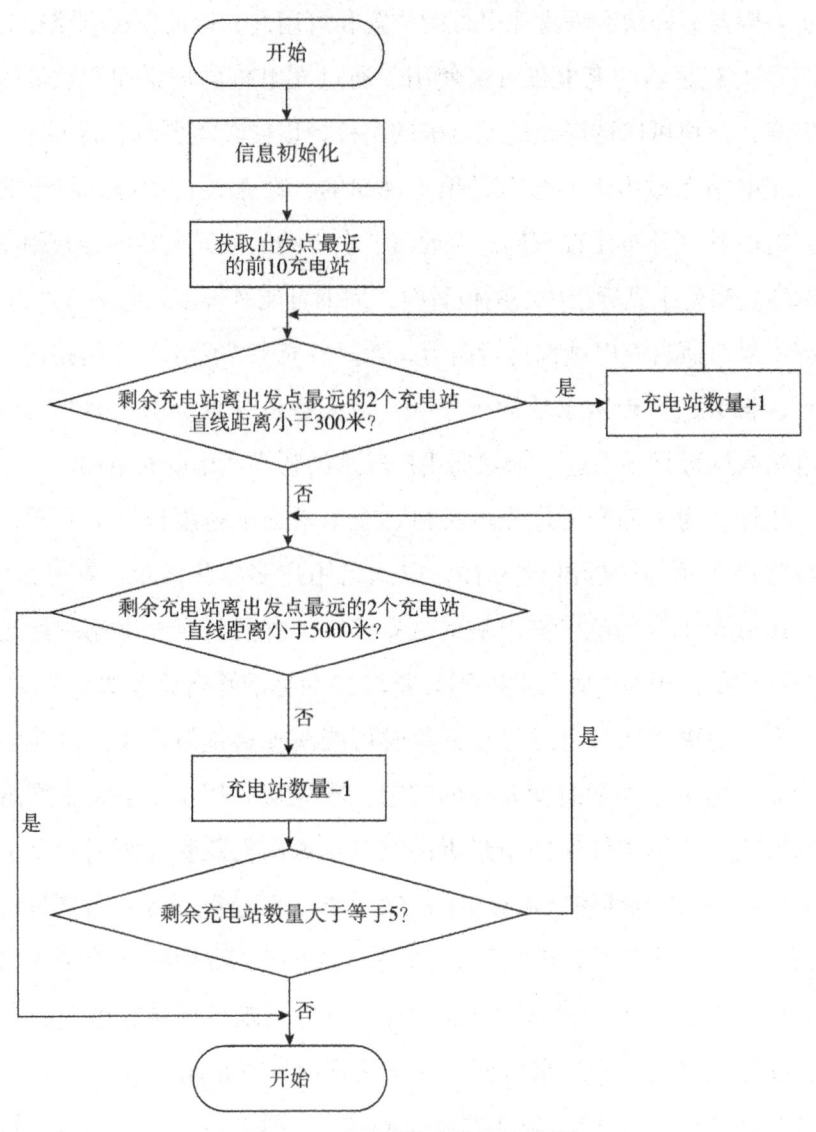

图6-5　充电桩动态筛选流程图

下面将以高德地图为例说明导航API接入参数。以生态驾驶为导向的车桩融合路径规划所需要的参数包括起点位置、充电桩位置、路径分段、路径长度、预计耗时等主要信息（见表6-1）以及驾驶动作等辅助信息。

表6-1 高德导航主要取数表

函数或数值名	二级函数或者数值	说明	在算法中应用
AMap.Autocomplete	—	关键字输入	搜索充电桩
origin	—	起点经纬度	起点
destination	—	目的地经纬度	充电桩位置
distance	—	方案距离	总距离
steps	—	路线分段	决策节点
—	orientation	进入道路方向	—
—	road_name	分段道路名称	—
—	step_distance	分段距离信息	—
—	duration	线路耗时	—
traffic_lights	—	方案中红绿灯个数	影响能耗，即Q值

6.3.3 数据库设计

1.驾驶员信息数据表

驾驶员信息数据表中包含了驾驶员的编号、姓名、性别、年龄、驾龄、住址、健康状况、节能意识、电话等，其中驾驶员编号为驾驶员信息表与其他信息表关联的关键。驾驶员信息数据表见表6-2。

表6-2 驾驶员信息数据表

字段名	数据类型	说明	其他
ID	integer	驾驶员编号	主键
Name	string	姓名	—
Gender	string	性别	—
Age	integer	年龄	—
Driving_experience	integer	驾龄	—

续表

字段名	数据类型	说明	其他
Address	string	住址	—
Health_Condition	string	健康状况	—
Energy_Conservation_Awareness	string	节能意识	—
Telephone	string	电话	—

2. 实验信息数据表

实验信息数据表中包含了驾驶员编号、实验编号以及实验时间，一个驾驶员编号对应多个实验编号，实验编号对应车辆数据信息、激光雷达数据信息、摄像头数据信息以及导航数据信息，实验信息数据见表6-3：

表6-3 实验信息数据表

字段名	数据类型	说明	其他
ExperimentID	Integer	实验编号	主键
DriverID	Integer	驾驶员编号	外键
ExperimentDate	Datetime	实验日期	—

3. 车辆数据信息表

车辆数据信息表中包含了车辆编号、实验编号、时间戳、电池剩余电量、实时功率、加速踏板、刹车踏板、角速度、前轮转角、速度、加速度、倾斜角、俯仰角、航向角等数据。其中车辆数据编号为数据表的主键，实验编号为数据表的外键，一个实验编号对应着一个车辆数据信息表。车辆数据信息见表6-4。

表6-4 车辆数据信息表

字段名	数据类型	说明	其他
VehicleDataID	Integer	车辆编号	主键
ExperimentID	Integer	实验编号	外键
data	Datetime	时间戳	—
SOC	Float	电池剩余电量	—
Real-time_Power	Float	实时功率	—
Accelerator_Pedal	Float	加速踏板	—
Brake_Pedal	Float	刹车踏板	—
Angular_Velocity	Float	角速度	—
Front_Wheel_Angle	Float	前轮转角	—
Speed	Float	速度	—
Acceleration	Float	加速度	—
Tilt_Angle	Float	倾斜角	—
Pitch_Angle	Float	俯仰角	—
Yaw_Angle	Float	航向角	—

4.激光雷达数据信息表

激光雷达数据信息表中包含了激光雷达编号、实验编号、图像数据、时间戳、X,Y,Z坐标,其中激光雷达编号为主键,实验编号为外键,一个实验编号对应一个激光雷达数据信息表。激光雷达数据信息表见表6-5。

表6-5 激光雷达数据字段表

字段名	数据类型	说明	其他
LidarDataID	Integer	激光雷达编号	主键

续表

字段名	数据类型	说明	其他
ExperimentID	Integer	实验编号	外键
Image	Blob	图像数据	—
Timestamp	Datetime	时间戳	—
X_Coordinate	Float	激光雷达扫描点的X坐标	—
Y_Coordinate	Float	激光雷达扫描点的Y坐标	—
Z_Coordinate	Float	激光雷达扫描点的Z坐标	—

5. 摄像头数据信息表

摄像头数据信息表中包含了摄像头编号、实验编号、时间戳、图像数据等,其中摄像头编号为主键、实验编号为外键,一个实验编号对应一个摄像头数据信息表。摄像头数据信息表见表6-6。

表6-6 摄像头数据信息表

字段名	数据类型	说明	其他
ImageID	Integer	摄像头编号	主键
ExperimentID	Integer	实验编号	外键
Timestamp	Datetime	时间戳	—
Image	Blob	图像数据	—

6. 导航数据信息表

导航数据信息表中包含了导航数据编号、实验编号、时间戳、经度、纬度、高度、方向和速度,其中导航数据编号为主键,实验编号为外键,一个实验编号对应着一个导航数据表。导航数据表见表6-7。

表6-7 导航数据信息表

字段名	数据类型	数据说明	其他
NavigationDataID	Integer	导航数据编号	主键
ExperimentID	Integer	实验编号	外键
Timestamp	Datetime	时间戳	—
Longitude	Float	经度	—
Latitude	Float	纬度	—
Altitude	Float	高度	—
Direction	Float	方向	—
Speed	Float	速度	—

6.4 系统实现与测试

6.4.1 主界面的实现

通过系统启动按钮对进行启动，进入系统的主界面，见图6-6。主界面主要由以下4大部分组成：

（1）标题栏：位于主界面的顶部，包含了系统的名称"生态驾驶行为辨识及路径规划系统"，系统的图标，以及最小化、最大化和关闭按钮。

（2）菜单栏：位于标签栏下面，由五个子菜单构成，分别为：驾驶员信息管理、数据采集、数据预处理、生态驾驶辨识模型、路径规划。通过菜单栏可以对各项功能进行调用。

（3）主窗体：是主界面的核心部分，用于显示系统的主要内容和功能，其中包含了各个子窗口的各种控件、表格、图表、按钮等，用于用户与系统进行交互和操作。

（4）状态栏：显示的内容包括学校名称、系统名称、日期、星期和时间。

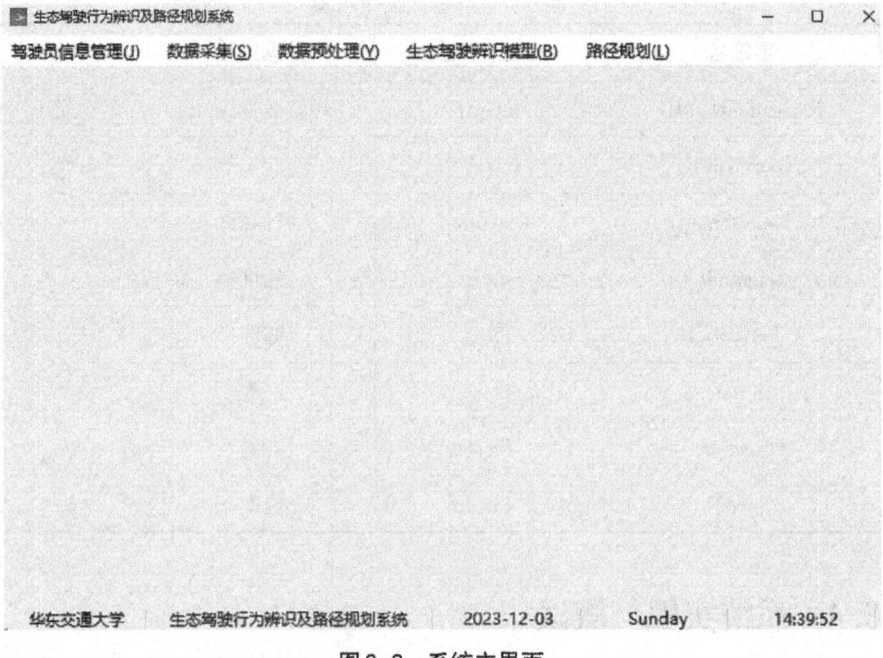

图6-6　系统主界面

6.4.2　驾驶员信息管理模块

1. 驾驶员驾驶信息录入

功能说明：通过驾驶员信息录入功能对驾驶员的驾驶信息进行采集，采集的数据包括驾驶员编号、姓名、性别、年龄、驾龄、住址、健康状况、节能意识、电话等数据采集，一共有9个数据。

功能界面说明：驾驶员信息录入界面见图6-7，该窗口中包含了各项数据的标签，以及文本输入框和下拉选择框，姓名、年龄、住址、驾龄电话号码等使用文本输入框进行输入，并且设置了文本正则匹配功能对用户输入的文本信息进行模式匹配。性别、健康状况、节能意识等信息通过下拉框的形式进行选择。性别栏中包含了"男"、"女"两个选项；健康状况栏中包含了"一般"、"良好"、"优秀"等三个选项；节能意识栏中包含了"高"、"中"、"低"等三个选项。编号的文本输入框为浅灰色，代表着编号不能输入，为系统根据数据库中的数据自动生成。窗口中还包含了一个录入按钮。

操作说明：通过点击各个文本框将对应的数据输入其中，下拉框选择的信息通过点击下拉框的三角形进行选择，编号为系统自动生成不可操作，驾驶员信息都录入完毕后，点击录入按钮对数据进行录入。录入功能先会判断各个信息是否出现了空缺值，如果有空缺值将会提醒用户补充空缺值，如果出现数据模式不匹配的情况，系统将会提醒用户再次输入。

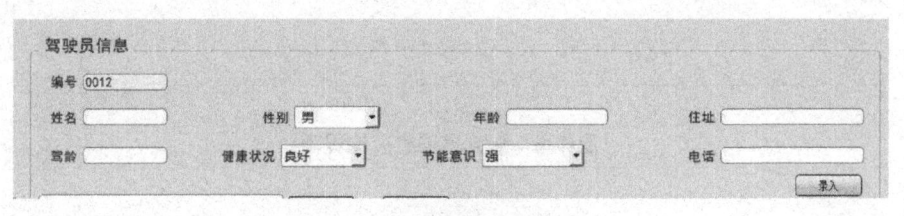

图6-7 驾驶员信息录入界面

2.驾驶员信息查询功能

功能说明：对所有驾驶员的信息进行查看，并且能够通过对驾驶员编号匹配的方式对驾驶员信息进行匹配。

功能界面介绍：驾驶员驾驶信息查询界面见图6-8，该窗口包含了一个驾驶编号的文本输入框，以及查询和返回的两个功能按钮，在查询框下方有一个驾驶员信息输出表，系统将驾驶员的信息以表格的方式输出至界面中。并且在表格中添加了滚动条功能，方便用户对超出界面的部分数据进行查看。

操作说明：界面的原始状态为所有的驾驶员信息都展示在界面中。通过查询功能，输入驾驶员的编号，点击查询，驾驶员的信息将会展现在界面中（见图6-9）。通过点击返回按钮，将会返回至所有驾驶员信息的展示界面。

图6-8 驾驶员信息查询界面

图6-9 查询功能界面

3.驾驶员信息修改和删除功能

（1）功能说明：能对驾驶员的信息进行修改和删除。

（2）功能界面介绍：在每条数据的最后两列都有一个修改按钮和一个删除按钮（见图6-10），这两个按钮能对同一行数据的驾驶员信息进行修改和删除。

图6-10 删除和修改按钮图

（3）操作说明：通过点击删除按键将会直接将所属的驾驶员信息数据进行删除，并刷新表格。修改功能为通过双击表格中的信息，可以对表格信息进行修改，修改完毕后，点击数据后面的修改按钮，就可将数据进行刷新，驾驶员编号不能更改。

通过上述三个功能，实现了对驾驶员信息的有效管理，驾驶员信息完整界面见图6-11。

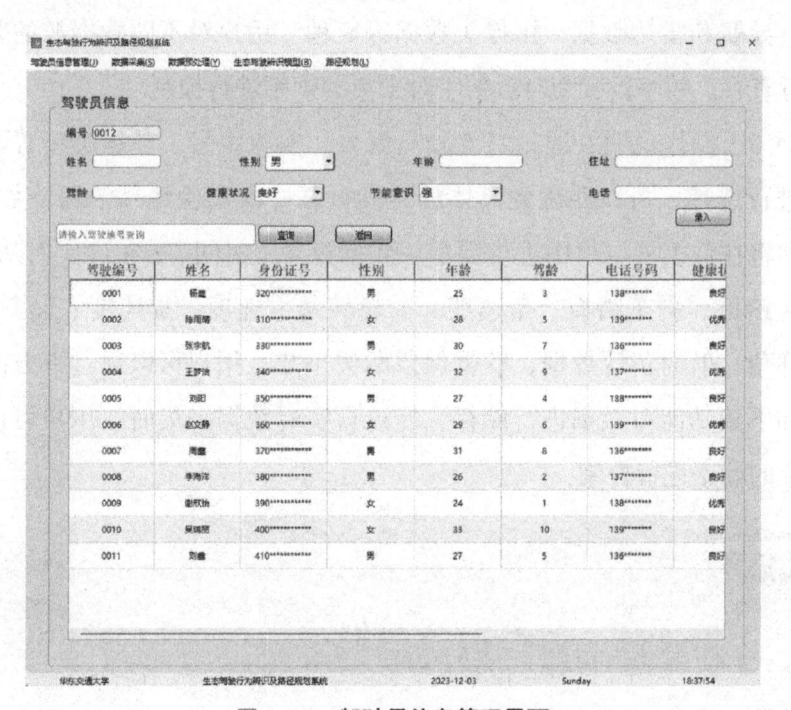

图6-11 驾驶员信息管理界面

6.4.3 信息采集模块

1. 车辆信息采集功能

（1）功能说明：对智能手机数据采集App采集到的车辆数据进行采集，并对数据进行分类规整，实现数据的有效管理，控制数据的采集帧率，并将数据进行展示。

(2）功能界面介绍：车辆信息采集界面见图6-12，界面中含有数据信息选择功能，能对驾驶员的实验数据进行查看，界面中含有驾驶员编号选择，实验编号选择，数据类型选择和帧率选择。驾驶员编号对应驾驶员信息管理模块中储存的驾驶员编号，通过编号在下拉框中展示，供用户选择。实验编号为驾驶员展开实验的数量，对实验编号进行选择可以匹配到相应实验的实验数据。数据类型中包含了驾驶数据、导航和雷达数据、摄像头数据等三种，用户对不同数据源的数据进行查看。帧率设置为对数据实时采集的帧率进行控制。

（3）操作说明：通过对驾驶员编号、实验编号、数据类型等下拉框进行选择，可以匹配到具体的驾驶员某一次实验编号的驾驶数据，数据将在数据展示框中进行展示，数据包含了时间、SOC、实时功率、加速踏板、刹车踏板、角速度、前轮转角、速度、加速度、倾斜角、俯仰角、航向角等数据，数据保留两位小数。用户可以通过下方的保存和下载功能对数据进行储存。当进行实时数据采集时，用户可以对采集的帧率进行控制。

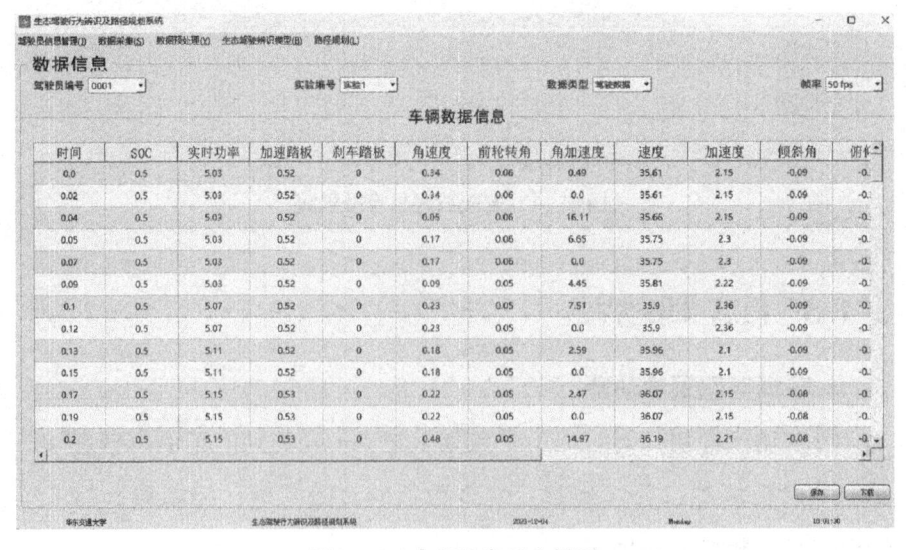

图6-12 车辆信息采集界面

2. 摄像头数据采集功能

（1）功能说明：对摄像头采集的视频数据进行采集和分析，并对摄像头的光圈、对比度、亮度、倍率等进行控制。可以设置摄像头的采样频率和采样对象，设置对象框和轨迹预测功能，对摄像头图像进行展示。对视频中的车辆和行人进行分析，得到分析结果并输出，对数据提供下载和保存功能。

（2）功能界面介绍：摄像头信息采集界面见图6-13，界面中的驾驶员编号等信息同上。界面中的主要内容为摄像头的数据信息的展示，主要分为三部分：

①摄像头参数设置：摄像头的光圈、对比度、亮度、倍率等参数通过进度条的方式对参数进行调控，可以提高界面的可操作性，采集方式的选择采用复选框的形式进行选择，分为实时采集和间隔采集两种方式。对象框和轨迹预测是否开启也采用复选框的形式。

②图像展示：包括摄像头采集的图像数据，以及四个按钮分别为聚焦按钮，采集控制按钮，图像视频导出按钮，车辆行人轨迹导出按钮。

③分析数据展示：包括对摄像头采集到的车辆数据以及行人数据进行展示，车辆数据包括车辆序号、瞬时速度、加速度、车道偏移量、位置信息等，行人数据包括速度、位置信息等。

（3）操作说明：通过驾驶员编号等信息选择对数据进行匹配，先通过摄像头参数设置功能通过拖动进度条到合适位置对摄像头的光圈、对比度、亮度、倍率等参数进行设置。对采集方式和是否开启对象框和轨迹预测功能进行选择，选择完毕后点击开始采集按钮对摄像头的数据进行采集，可以通过视频导出按钮和轨迹导出按钮对视频和车辆行人轨迹进行导出。图6-13显示检测分析出的车辆数据和行人数据，并且能实时更新，可以点击下方的下载和保存按钮对数据进行储存。

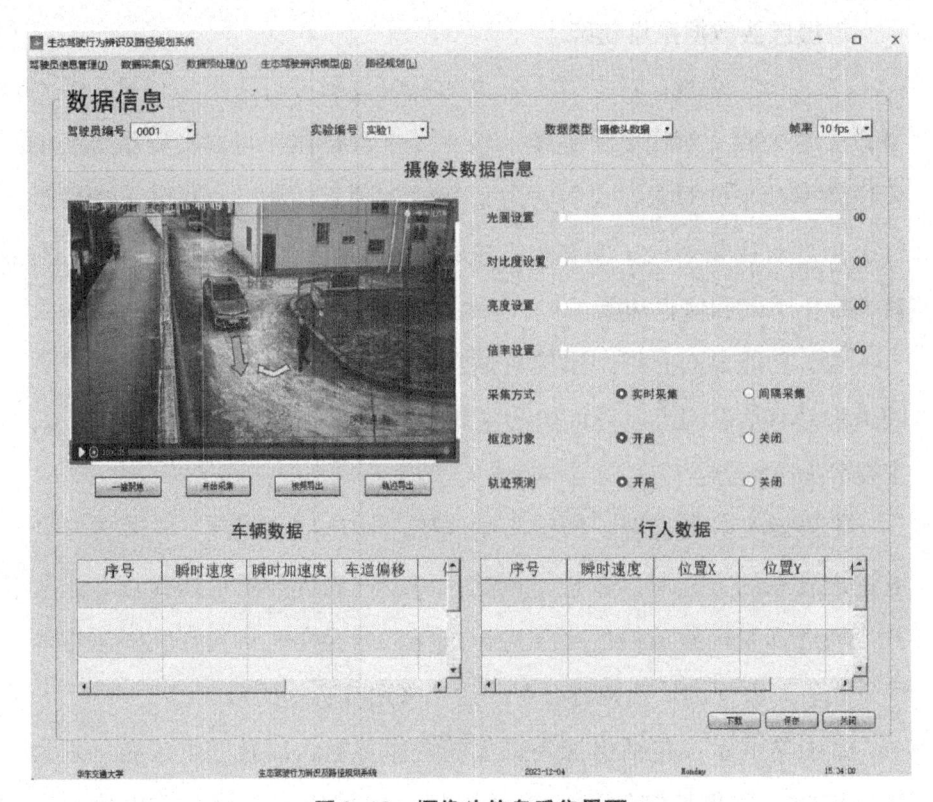

图6-13 摄像头信息采集界面

3. 雷达与导航数据

（1）功能说明：对雷达与导航数据进行采集并解析，获取车辆的轨迹数据以及周边环境的数据。并对其进行可视化。

（2）功能界面介绍：雷达与导航数据采集见图6-14，界面中的驾驶员编号等信息同上。界面中主要包含了实时雷达数据、雷达数据集、通过车辆与基础设施信息融合的车辆轨迹图以及雷达数据分析界面。数据集中包含了序号、数据集名称、收集时长数据集、车辆信息数据集、基础设施数据集等，数据分析中包括对采样频率、车辆位置信息、采样时延、目标的类别和数量进行统计和分析。

（3）操作说明：通过驾驶员编号等信息选择对数据进行匹配，雷达数据信息中展现出实时的雷达图像，并展示出采集到的雷达数据集，数据集中包含了数据的收集时长，车辆信息和基础设施，通过表格的形式对数据进行可视化。通过车辆与基础设施信息进行融合后结合导航获得车辆轨迹，对轨迹进行重新绘制，并对数据进行分析得到采样频率、车辆位置信息，采样时延等数据。可以点击下方的下载和保存按钮对数据进行储存。

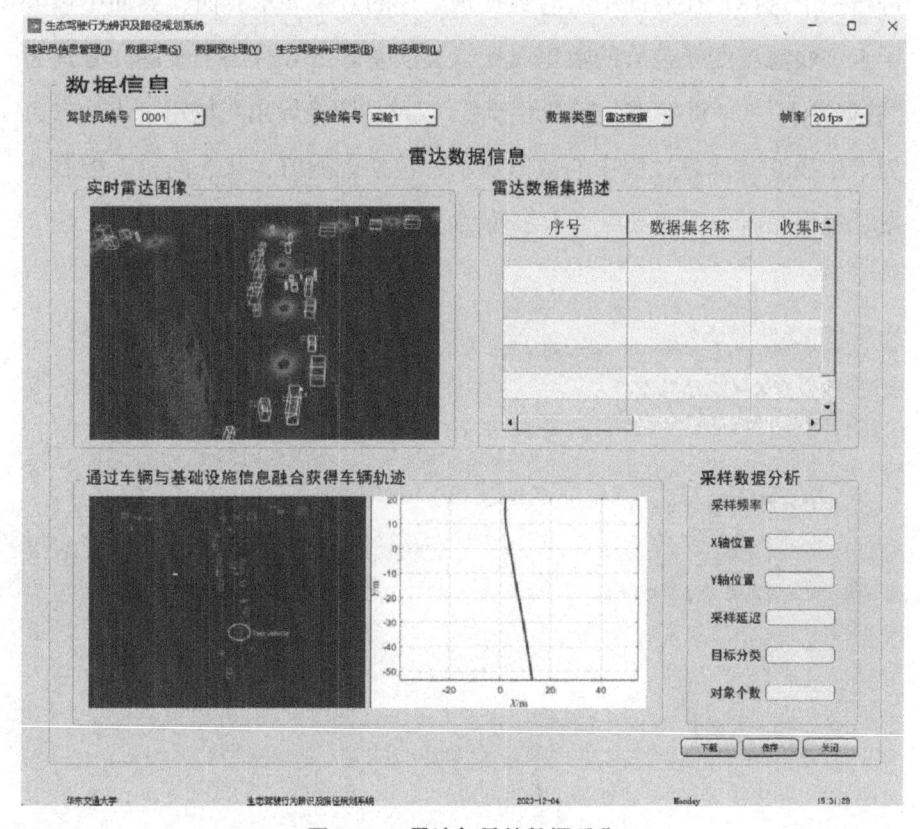

图6-14 雷达与导航数据采集

6.4.4 数据预处理模块

1. 卡尔曼滤波功能

（1）功能说明：由于数据在传输过程中可能会由于环境干扰、传感器故障、数据传输丢包等因素导致数据值出现异常和丢失的情况，通过卡尔曼滤波功能对数据进行修复和更正。

（2）功能界面介绍：卡尔曼滤波功能界面见图6-15，界面中包含了驾驶员编号、实验编号和数据类型等，方便用户对数据信息进行精确的匹配。界面还有一个具体数据标签，其作用为对需要进行预处理的数据进行一个选择。在界面中心有数据预处理的效果展示界面，界面中包含了卡尔曼滤波变换前后的数据对比以及误差。下方有四个按键，分别为"数据导入""一键处理""开始绘制"以及"图像导出"按钮。界面右边为卡尔曼滤波计算过程中的数值展示，包括观测值、状态向量、控制向量、过程噪声、观测噪声、卡尔曼增益、估计值和误差协方差。

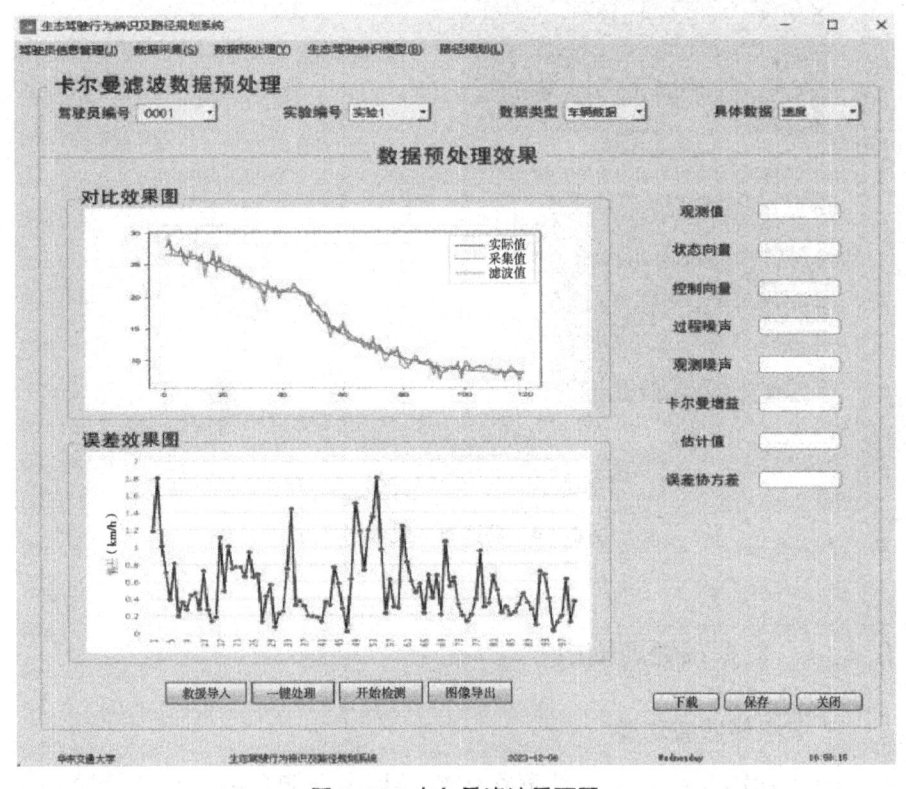

图6-15　卡尔曼滤波界面图

（3）操作说明：对需要进行卡尔曼滤波的具体数据进行选择，选择完毕后点击数据导入功能将数据导入卡尔曼滤波功能模块中，点击一键处理按键开始对所选的数据进行卡尔曼滤波变换。观测值、状态向量、控制向量、过程噪声、观测噪声、卡尔曼增益、估计值和误差协方差等随着卡尔曼滤波变换的进行有着不同的数值，数值在界面右边进行输出。处理完毕后，点击开始绘制按钮生成对比效果图和误差效果图。可以点击下方的下载和保存按钮对处理数据进行存储。

2. 欧拉角变换

（1）功能说明：欧拉坐标转换将地理坐标从手机坐标系转换到大地坐标系中，欧拉坐标转换可以通过旋转、平移等操作来实现不同坐标系的坐标转换，确保数据在大地坐标系下的准确性和一致性。

（2）功能界面介绍：欧拉角转换的界面见图6-16，界面中包含驾驶员和实验编号的选择，界面中心为导航坐标系的图像和导航坐标系转化为手机坐标系的图像，界面下方有四个按键，分别为"数据导入""一键处理""开始绘制"以及"图像导出"按钮。界面右方可以输出坐标系转换前后的坐标角度。

（3）操作说明：首先对驾驶编号和实验编号进行选择，点击数据导入按钮，之后点击一键处理按钮开始坐标转换，对原手机坐标系下的坐标方向和欧拉角变化的角度在界面右方进行可视化。可以对坐标系的图像进行绘制和保存。

6.4.5 生态驾驶辨识模块

1. 特征选择功能

（1）功能说明：特征选择是指从原始数据中选择最具有预测能力的特征。通过特征选择，可以减少特征维度，提高模型的训练效率和泛化能力。

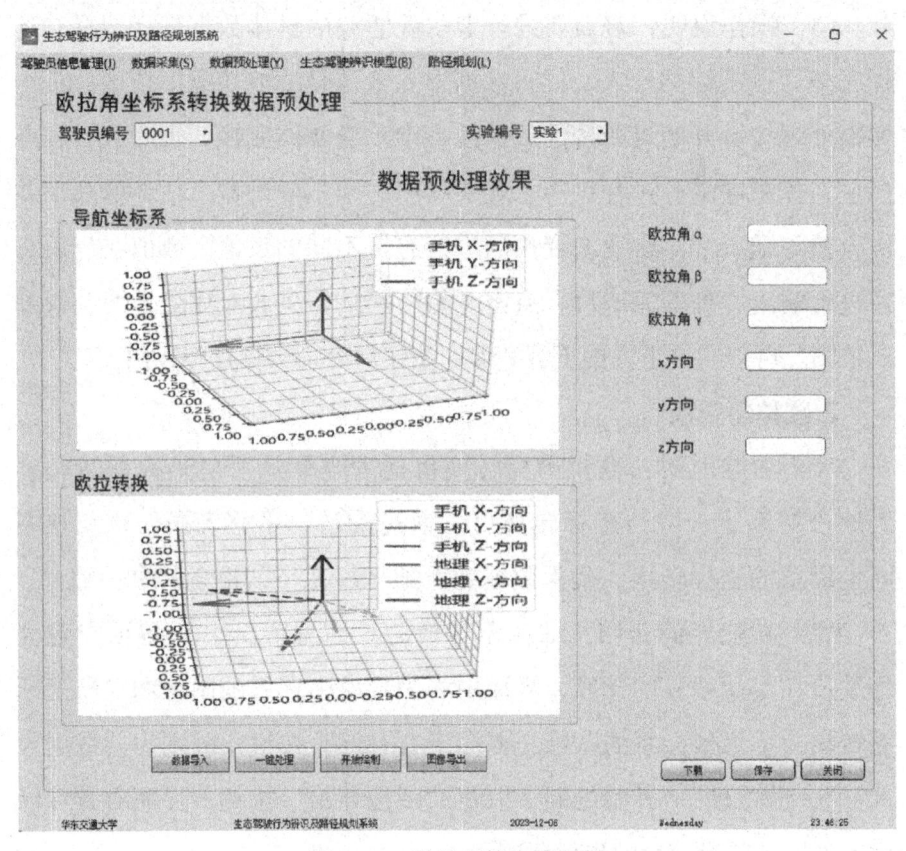

图6-16 欧拉角转换界面图

（2）功能界面介绍：生态驾驶模型特征选择界面见图6-17，界面中包含了特征方法的选择，特征个数及特征阈值的设定，特征方法选择中包含ReliefFAttributeEval、WrapperSubsetEval、InfoGainAttributeEval、

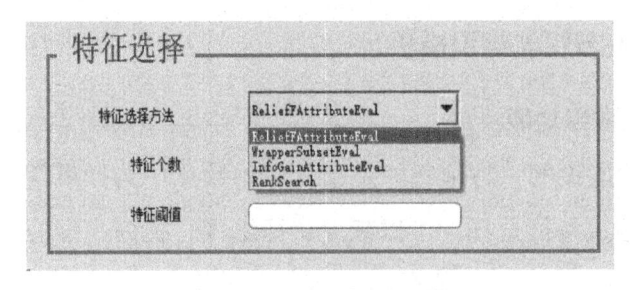

图6-17 特征选择界面图

RankSearch这四种特征选择方法，特征个数及特征阈值的设定通过文本框输入设定。

（3）操作说明：点击特征选择的下拉框选择相应的特征选择方法，并设置特征个数以及特征阈值，可以对生态驾驶辨识数据集进行特征选择，特征选择的结果图在特征选择下方输出。

2.辨识算法选择及调优

（1）功能说明：辨识算法选择及调优功能包括对生态驾驶辨识算法的选择，生态驾驶辨识算法包含了朴素贝叶斯、K2贝叶斯网络、RBF神经网络、ID3决策树、KNN和SVM等六种模型。用户可以选择适合的算法，通过综合考虑模型的准确性、效率和可解释性等因素，以确保模型的可靠性和实用性。并且对各个算法设置了调优功能，对上述六种算法进行调优，实现模型的优化功能。

（2）功能界面介绍：生态驾驶算法选择及调优界面见图6-18，界面中包含了生态驾驶辨识界面的选择，以及算法对应的辨识方法参数调整。图中所示为K2贝叶斯网络模型的参数调整，其中包括最大父节点数、评分准则、学习阈值、搜索顺序以及迭代次数的设置。最大父节点数、学习阈值以及迭代次数通过文本框输入，评分准则及搜索顺

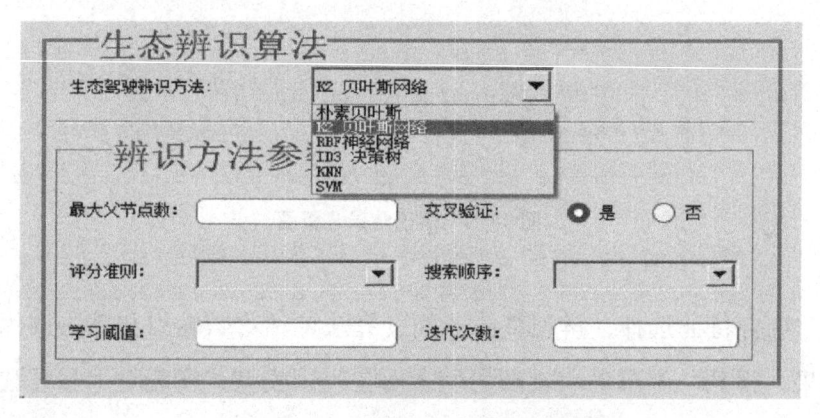

图6-18 生态驾驶算法选择及调优图

序通过下拉框进行选择。是否采用交叉验证通过复选框进行选择。

（3）操作说明：点击生态驾驶辨识方法下拉框，选择对应的生态驾驶辨识算法，并在下方的辨识方法参数设置中设置相应的参数，并选择是否选择交叉验证。对参数进行设定后将会出现评估结果以及评估效果参数。

3.辨识结果分析

（1）功能说明：辨识结果分析的功能为对生态驾驶辨识的辨识模型的评价参数进行输出，评价参数包括模型的准确率、精确率、召回率、F1分数、宏平均、微平均、加权准确率、加权召回率等。

（2）界面功能介绍：辨识结果分析界面包含了各种评价参数的标签，以及接收参数输出的文本框，通过文本框对评价结果进行展示（见图6-19）。

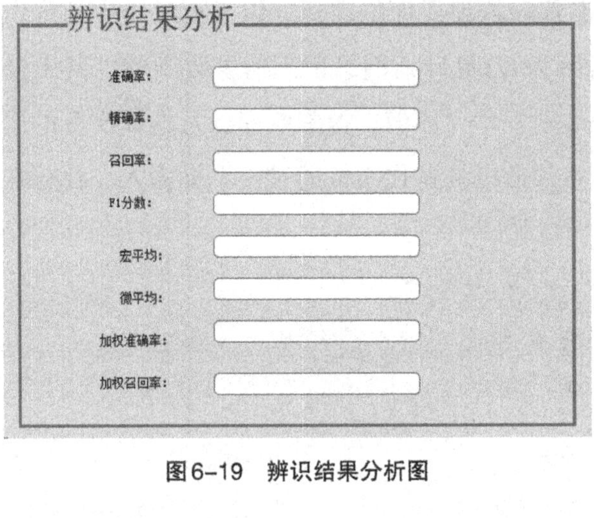

图6-19 辨识结果分析图

综合特征选择，辨识算法选择、算法评估参数输出和算法调优的结果，得到一个准确率较高的生态驾驶辨识模型，实现对生态驾驶行为的辨识，生态驾驶辨识模块的界面见图6-20。

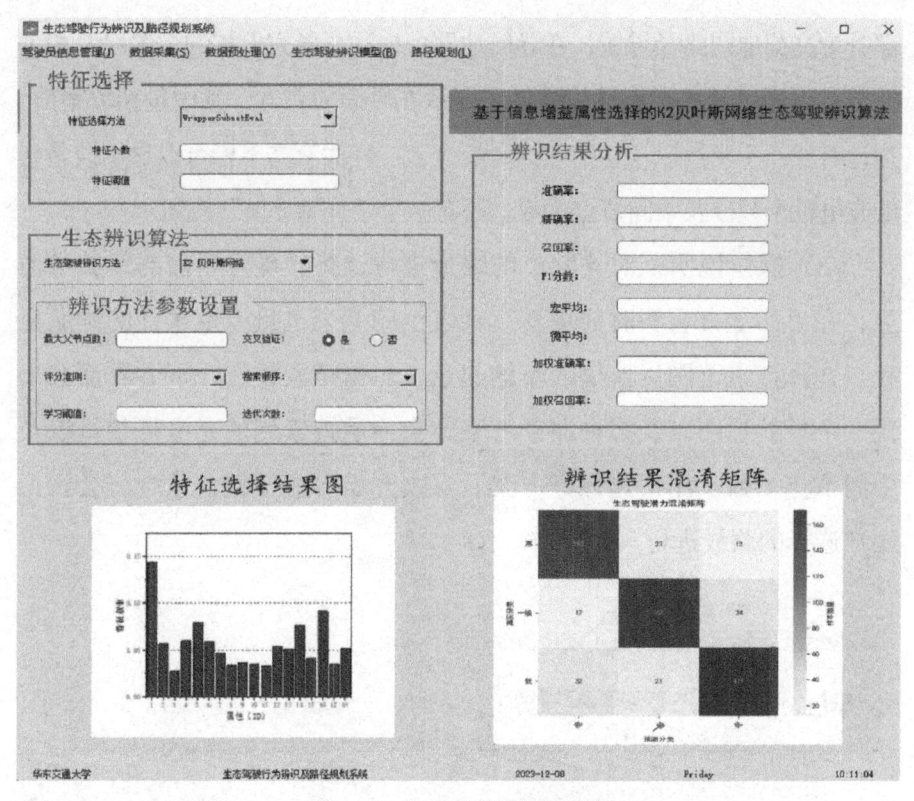

图6-20 生态驾驶辨识模型图

6.4.6 路径规划模块

（1）功能说明：对高德导航数据进行调用，通过算法搜索得到充电桩的位置以及在地图上对充电桩进行标注，通过确定搜索范围和起点位置、充电桩位置、路径分段、路径长度、预计耗时等主要信息，生成实时的车桩协同的生态驾驶路径。

（2）功能界面介绍：路径规划界面见图6-21，图中有驾驶员编号、电池剩余电量以及预计续航里程。在界面的核心部分，有一个"搜索范围"的下拉框，用户可以根据自己的电池剩余电量以及预计续航里程确定合适的搜索里程。在默认的条件下，充电桩密集的城区部分充电桩的默认搜索个数为10个，在郊区，充电桩的默认搜索个数小于十个。界面核心部分为高德地图路径导航，在导航地图中标注了各充电桩的位置以及相关的节点，通过算法得到最优路径，展示在界面的右方，其中包括方案数、预计时长、千米数以及途中的红绿灯个数。界面有文本框可以显示搜索到的充电桩个数以及中间节点个数。还有一个"开始导航"按钮。

（3）操作说明：对驾驶员的编号进行选择，确定当前的驾驶员信息，在界面上方会实时的更新车辆电池的剩余电量以及预计的续航里程。选择搜索范围以及输入车辆起点，点击搜索按钮，下方界面会出现一个导航地图以及多种路径方案，会显示搜索到的充电桩数量以及中间节点个数。用户选择好方案后点击开始导航按钮，系统将会根据用户选择的路线进行实时导航。

图6-21　路径规划界面图

结论与展望

7.1　主要内容

本书围绕着"融入车桩协同的生态驾驶行为辨识及路径规划方法研究"这个主体开展了6方面的相关工作。

第1章，解决"为什么要研究生态驾驶，怎么去研究"。重点分析研究的背景和意义；为了更好地说明国内外的研究现状，创新性地使用知识图谱分析 Web of Science（WOS）核心数据库国内外关于生态驾驶的研究现状；分析研究人工智能辅助生态驾驶相关的内容；通过汇总前面的内容提出了文章的研究方向、逻辑框架与内容。

第2章，解决方法论的问题。首先对生态驾驶作出了清晰的定义；对于以电动汽车作为车桩协同生态驾驶研究的主体，从最根本的碳排放分析作了说明，为了增强电动汽车作为研究主体的说服力，测算的车型聚焦并联式混动车型；本章的第3节是整个研究工作的出发点，即分析影响电动汽车碳排放的根本因素，本书后续采取的措施、包括标题中的路径规划方法，都是通过调节碳排放根本因素来实现生态驾驶；在第4节中介绍了本书采用的算法，既是对第1章人工智能辅助生态驾驶的呼应，又为后续各章节应用相关技术作铺垫。

第3章，承接第2章关于碳排放即生态驾驶根本因素的判断，聚焦于影响这些因素的车辆状态、驾驶员行为等外在表现，解决如何收集基础数据的问题。首先，通过智能手机采集车载系统收集的数据，该方法是获取车辆SOC、功率等内部参数，刹车行为、方向盘转角等驾驶员行为的唯一渠道，同时也能获取导航定位、车速等相关数据，与该章其他的方法相互印证和校验；其次，给出了通过导航和激光点云获取车辆运动数据的方法，把监测的对象从单一的主体车辆扩展到道路行驶的所有车辆，并解决未安装导航及配套系统车辆的监测问题；最后，给出了视频识别车辆与行人共存系统的方法，补齐前面两种方法无法识别行人的短板，社会力模型和慢特征识别方法的联合使用，使行人对道路交通的影响可以被量化。

第4章，解决驾驶员行为生态驾驶属性分类的问题。首先，设计实车实验采集数据，并对实验数据进行预处理。其次，采用不同的属性选择算法对属性进行排序，选用不同的分类算法对不同算法所选择的属性进行验证，其结果表明采用贪心选择（Greedy）属性排序法和SVM分类算法组合效果最佳。再次，对各个属性与生态驾驶级别进行相关性分析，发现其中刹车标准差和前轮转角加速度与生态驾驶级别无显著性。最后，对SVM算法进行参数优化，并选用不同的分类算法在不同指标下证明优化后的SVM算法的有效性。

第5章，聚焦"车桩融合"的具体技术。首先，通过LSTM神经网络和时间序列相结合的方式给出充电桩负荷预测的方法；其次，通过Q-learning算法把第2章分析的生态驾驶影响根本因素，第3章采集到的速度、加速度、行人影响等综合数据，第4章的驾驶员生态驾驶习惯分级和第5章的充电桩负荷预测融入于算法中，综合整个研究内容提出车桩融合的生态驾驶路径规划方法。

第6章在方法集成的基础上，实现整个研究内容的落地。介绍"生态驾驶行为辨识及路径规划系统"软件的系统总体设计以及设计目标，设计原则等进行详细地阐述。介绍"生态驾驶行为辨识及路径规划系统"软件各个功能的详细设计框架，将软件分为驾驶员信息管理模块，数据采集模块，数据预处理模块，生态驾驶辨识模块以及路径规划模块，并介绍系统运行环境，开发工具以及系统数据库的设计。介绍"生态驾驶行为辨识及路径规划系统"软件的实现以及操作，包括各个模块的可视化界面的实现以及相关的操作方法。

7.2 未来展望

对于车辆交通而言，理想的生态方式应该是一个合理负载的电动汽车辆编队，在充电桩清洁能源供能时充电，以一个均匀的时间间隔出发，保持经济时速匀速行驶，在到达前通过动能回收和滚动阻力、风阻的作用下缓慢减速，并恰好在到达目的地前停止。这个生态驾驶场景实现的基础是无人驾驶。因此，无人驾驶与生态驾驶相融合的研究可能成为未来研究的新热点。

当前人工智能的发展势头迅猛，本书对人工在生态驾驶中的应用做了初步探索，但未来人工智能至少在以下几方面发挥其作用：①更精确的数据采集。任何模型和算法的基础是准确的原始数据，无论是车辆本身的采集数据还是来自激光雷达、视频的监测数据，都需要大数据的工具实现实时的采集和及时的处理；②对驾驶员行为的再现，当前GPT等大语义模型已经能够很好地模仿人类的语言方式，未来人工智能应用于对人类行为的模仿也是值得期待；③优化与习惯间的协调，某电动汽车公司推广的单踏板对生态驾驶有较好的作用，但它与长期依赖驾驶员习惯的冲突导致适应难度大，甚至造成一定的安全隐患，如果通过人工智能无感式地调整生态驾驶，则可以有效地避免此类情况的发生。

目前虽然有一定数量的研究者和研究力量投入到生态驾驶研究中，但生态驾驶相关政策和市场交易方式还未被开发，未来如何建立生态驾驶的发展生态，也是值得路上交通领域研究者共同钻研的课题。

参考文献

[1] 严利鑫,贾乐,刘清梅,等.基于知识图谱的生态驾驶行为研究现状及热点分析[J].公路交通科技,2022,39(04):150-159.

[2] 朱新建,曲同庆,徐畅,等."双碳"背景下城市交通绿色低碳转型发展对策研究[J].山东交通科技,2023(04):131-133.

[3] 汪洋青,严匡林,王翠.探索智能网联汽车中生态驾驶的应用[J].时代汽车,2023(10):31-33.

[4] 陈志军,张晶明,熊盛光,等.智能网联车辆生态驾驶研究现状及展望[J].交通信息与安全,2022,40(04):13-25.

[5] 靳雯婷,白昀,付强,等.基于驾驶模拟技术的车路协同生态驾驶预警系统节能减排效果分析[J].交通节能与环保,2023,19(02):91-99.

[6] 陈清晨,薛媛媛.低排放导向下新能源汽车节能控制技术优化研究[J].汽车测试报告,2023(15):58-60.

[7] 凌余强.节能减排汽车驾驶技术浅析[J].时代汽车,2022(02):178-179.

[8] 付锐,张雅丽,袁伟.生态驾驶研究现状及展望[J].中国公路学报,2019,32(03):1-12.

[9] 白崤.汽车驾驶节能技术研究[D].西安：长安大学,2011.

[10] 魏涛.车联网环境下汽车节能驾驶行为与速度优化方法研究[D].西安:长安大学,2019.

[11] 赵文艳,张秀礼,孙博.基于驾驶员行为习惯的新能源汽车能耗

分析[J].时代汽车,2024(01):94-96.

[12] 王萍,万蔚,张克,等.出租车驾驶员生态驾驶行为评价[J].交通工程,2018,18(6):41-44,50.

[13] 张雅丽,付锐,袁伟,等.考虑能耗的进出站驾驶风格分类及识别模型[J].吉林大学学报(工学版),2023,53(07):2029-2042.

[14] 杜辉,蔡锦康,孟令群,等.重型商用车油耗优化研究[J].汽车实用技术,2020(14):79-81.

[15] 吕晨,张哲,陈徐梅,等.中国分省道路交通二氧化碳排放因子[J].中国环境科学,2021,41(07).3122-3130.

[16] 么丽欣,刘斌,马乃锋.纯电动乘用车碳排放量关键影响因子相关性分析[J].汽车文摘,2021(11):7-11.

[17] 韩毅,高煊,陈理.基于LCA的轻型纯电动汽车节能减排效果评价[C]//中国环境科学学会(Chinese Society for Environmental Sciences).中国环境科学学会2022年科学技术年会论文集(一).中国农业大学工学院,2022:8.

[18] 刘爽,赵涛,杨会亮,等.纯电动汽车生命周期碳排放影响因素的研究[J].汽车工艺师,2021(10):20-24.

[19] 陈青,张仁寿.基于GSA算法的新能源汽车碳排放效应研究——以广东公共交通领域为例[J].岭南学刊,2022(06):115-122.

[20] 钱科军,谢鹰,张新松,等.考虑充电负荷随机特性的电动汽车充电网络模糊多目标规划[J].电网技术,2020,44(11):4404-4414.

[21] 方胜利,朱晓亮,马春艳,等.基于SACPS算法的住宅小区电动汽车集群有序充电[J].安徽大学学报(自然科学版),2024,48(01):57-64.

[22] 周建力,乌云娜,董昊鑫,等.计及电动汽车随机充电的风-光-氢综合能源系统优化规划[J].电力系统自动化,2021,45(24):30-40.

[23] 肖浩,裴玮,孔力.含大规模电动汽车接入的主动配电网多目标

优化调度方法[J].电工技术学报,2017(S2):179-189.

[24] 高颉,张玲华.考虑风电接入的电动汽车有序充电策略研究[J].电子设计工程,2024,32(06):62-67.

[25] 胡浩鹏,葛佳蓓,魏云冰.基于改进多目标粒子群算法的电动汽车充电优化策略[J/OL].电气工程学报:1-10.

[26] 周鲜成,周开军,王莉.物流配送中的绿色车辆路径模型与求解算法研究综述[J].系统工程理论与实践,2021,41(01):213-230.

[27] 范厚明,李荡,孔靓,等.模糊需求下时间依赖型车辆路径优化[J].控制理论与应用,2020,37(5):13-23.

[28] 汝改革,刘世林,陈徽.基于电价响应模型的电动汽车充电优化策略[J].四川理工学院学报(自然科学版),2019,32(01):30-36.

[29] 熊焰,李强泽,方家琨,等.车网协同的有序充电动态模糊控制方法[J].电器与能效管理技术,2021(05):48-54.

[30] 李恒杰,朱江皓,傅晓飞,等.基于集成学习的电动汽车充电站超短期负荷预测[J].上海交通大学学报,2022,56(8):1004-1013.

[31] 刘文霞,龙日尚,徐晓波,等.考虑数据新鲜度和交叉熵的电动汽车短期充电负荷预测模型[J].电力系统自动化,2016,40(12):45-52.

[32] 张洪财,胡泽春,宋永华,等.考虑时空分布的电动汽车充电负荷预测方法[J].电力系统自动化,2014,38(1):13-20.

[33] 赵堃,李晓婷,李远卓,等.考虑电动汽车充电需求的城市配电网负荷预测[J].华北电力技术,2017(11):1-5.

[34] 李科,皇甫霄文,李梦超,等.光-储一体电动汽车充电站储能规划[J].电力系统及其自动化学报,2023,35(8):82-93.

[35] 韩宗奇,李亮.测定汽车滑行阻力系数的方法[J].汽车工程,2002(04):364-366.

[36] 郭力源,李美芳.永磁同步电机矢量控制和直接转矩控制的对比

研究[J].山西电力,2024(01):37-40.

[37] 黄万友.纯电动汽车动力总成系统匹配技术研究[D].济南：山东大学,2012.

[38] 黄万友,程勇,纪少波,等.驾驶员的驾驶品质对纯电动汽车能耗的影响[J].北京理工大学学报,2013,33(02):144-150.

[39] 严利鑫.智能辅助驾驶系统模式决策建模与安全性评价研究[D].武汉：武汉理工大学,2017.

[40] 周杰英,贺鹏飞,邱荣发,等.融合随机森林和梯度提升树的入侵检测研究[J].软件学报,2021,32(10):3254-3265.

[41] 李扬.基于相似性与网格索引的多源交通数据整合方法研究[J].交通世界,2019(Z2):24-26.

[42] 邵尹池,穆云飞,余晓丹,等."车－路－网"模式下电动汽车充电负荷时空预测及其对配电网潮流的影响[J].中国电机工程学报,2017,37(18):5207-5219,5519.

[43] 朱永胜,杨振涛,丁同奎,等.考虑用户动态充电需求的电动汽车充电站规划[J].郑州大学学报(工学版),2023,44(02):82-90.

[44] Guanetti J, Kim Y, Borrelli F. Control of connected and automated vehicles: State of the art and Future Challenges[J]. Annual Reviews in Control, 2018, 45: 18-40.

[45] Ta V, Dvir A. A Secure Road Traffic Congestion Detection and Notification Concept Based on V2I communications[J]. Vehicular Communications, 2020, 25: 100283.

[46] Reina G, Johnson D, Underwood J. Radar Sensing for Intelligent Vehicles in Urban Environments[J]. Sensors, 2015, 15: 14661-14678.

[47] Hu J, Zheng B, Wang C, et al. A survey on Multi-Sensor Fusion Based Obstacle Detection for Intelligent Ground Vehicles in Off-

Road Environments[J]. Frontiers of Information Technology & Electronic Engineering, 2020, 21: 675-692.

[48] Hide C, Moore T, Smith M. Adaptive Kalman filtering for low-cost INS/GPS[J]. Journal of Navigation, 2003, 56 (1): 143-152.

[49] Yu Z, Hu Y, Huang J. GPS/INS/Odometer/DR Integrated Navigation System Aided with Vehicular Dynamic Characteristics for Autonomous Vehicle Application[J]. IFAC Papers Online, 2018, 51 (31): 936-942.

[50] Wu S, Zhao X, Zhang L, et al. Improving Reliability and Efficiency of RTK Ambiguity Resolution with Reference Antenna Array: BDS+GPS Analysis and Test[J]. Journal of Geodesy, 2019, 93(9): 1297-1311.

[51] Wolcott R, Eustice R. Robust L. Localization Using Multiresolution Gaussian Mixture Maps for Autonomous Driving[J]. International Journal of Robotics Research, 2017, 36(3): 292-319.

[52] Hu Z, Xiao H, et al. Detection of Parking Slots Occupation by Temporal Difference of Inverse Perspective Mapping from Vehicle-borne Monocular Camera[J]. Proceedings of the Institution of Mechanical Engineers Part D: Journal of Automobile Engineering, 2021, 235 (12): 3119-3126.

[53] Hu Z, Bai D. Planar Object Detection from 3D Point Clouds Based on Pyramid Voxel Representation[J]. Multimedia Tools and Applications, 2017, 76 (22): 24343-24357.

[54] Chen SH, Liu BA, Wellington C. 3D Point Cloud Processing and Learning for Autonomous Driving: Impacting Map Creation, Localization, and Perception[J]. IEEE Signal Processing Magazine, 2021, 38(1): 68-86.

[55] Li Y, Ma LF, Li JT. Deep Learning for LiDAR Point Clouds in Autonomous Driving: A Review[J]. IEEE Transactions on Neural Networks and Learning Systems, 2021, 32(8): 3412-3432.

[56] Li M, Lv H, et al. Surrounding Vehicle Recognition and Information Map Construction Technology in Automatic Driving[J]. Journal of Automotive Safety and Energy, 2022, 13(01): 131–141.

[57] Gao H, Cheng B, et al. Object Classification Using CNN-Based Fusion of Vision and LIDAR in Autonomous Vehicle Environment[J]. IEEE Transactions on Industrial Informatics, 2018, 14(9): 4224–4231.

[58] Park K, Kim S, Sohn K. High-Precision Depth Estimation Using Uncalibrated LiDAR and Stereo Fusion[J]. IEEE Transactions on Intelligent Transportation Systems, 2020, 21(1): 321–335.

[59] Noh S, An K, Han W. Toward Highly Automated Driving by Vehicle to Infrastructure Communications[C]. International Conference on Control Automation and Systems (ICCAS), 2015.

[60] Duan X, Jiang H, et al. V2I Based Environment Perception for Autonomous Vehicles at Intersections[J]. China Communications, 2021, 18(7): 1–12.

[61] Mahdaoui A, Sbai E. 3D Point Cloud Simplification Based on k-Nearest Neighbor and Clustering[J]. Advances in Multimedia, 2020: 8825205.

[62] Sun H, Sun X, Li H. 3D Point Cloud Model Segmentation Based on K-means Cluster Analysis[J]. Computer Engineering and Application, 2006, 42(10): 42–45.

[63] Shen J, Tao S, Shen J. Denoising Method for Scanned 3D Point Cloud Based on Density Clustering and Majority Voting[J]. Application Research of Computers, 2018, 35(2): 619–623.

[64] Chen Si-cong. On the Relationship between Energy Consumption and Driving Behavior of Electric Vehicles Based on Statistical Features[C].

Chinese Control Conference, Guangzhou, China,2019: 730–735.

[65] Huang Y,Ng E C Y,Zhou J L,et al. Impact of Drivers on Real-Driving Fuel Consumption and Emissions Performance[J].Science of the Total Environment,2021, 798:149297.

[66] Szumska E M,Jurecki R. The Effect of Aggressive Driving on Vehicle Parameters[J]. Energies,2020,13(24):6675.

[67] He Y,Kang J,Pei Y,et al.Research on Influencing Factors of Fuel Consumption on Superhighway Based on DEMATEL-ISM Model[J].Energy Policy,2021,158:112545.

[68] Zhang Y T, Claudel C G, Hu M B, et al. Develop of a Fuel Consumption Model for Hybrid Vehicles[J]. Energy Conversion and Management, 2020, 207: 112546.

[69] Wang Y,Boggio-Marzet A. Evaluation of Eco-driving Training for Fuel Efficiency and Emissions Reduction According to Road Type[J].Sustainability,2018,10(11):3891.

[70] Tang T Q,Yi Z Y,Lin Q F.Effects of Signal Light on the Fuel Consumption and Emissions under Car-following Model[J].Physica A: Statistical Mechanics and its Applications, 2017,469:200–205.

[71] Kamal M A S,Hayakawa T,Imura J.Development and Evaluation of an Adaptive Traffic Signal Control Scheme under a Mixed-Automated Traffic Scenario[J].IEEE Transactions on Intelligent Transportation Systems,2019,21(2):590–602.

[72] Lois D,Wang Y,Boggio-Marzet A,et al. Multivariate analysis of Fuel Consumption Related to Eco-driving: Interaction of Driving Patterns and External Factors[J]. Transportation Research Part D:Transport and Environment,2019,72:232–242.

[73] Su Z Y, Liu Q C, Gong L. Energy Consumption Optimization of Connected and Autonomous Vehicles Based on Cooperative Perception in Ramp Overflow Scene[J]. Journal of Circuits Systems and Computers, 2023, 32(16):29733-29742.

[74] Marczak H,Droździel P. Analysis of Pollutants Emission into the Air at the Stage of an Electric Vehicle Operation[J].Journal of Ecological Engineering,2021,22(08):134-136.

[75] Günther M,Rauh N,Krems J F.Conducting a Study to Investigate Eco-driving Strategies with Battery Electric Vehicles - a Multiple Method Approach[J].Transportation Research Procedia,2017,25:2242-2256.

[76] Mansfield L R,Guros F,Truxillo D M, et al.Individual and Contextual Variables Enhance Transfer for a Workplace Eco-driving Intervention[J].Transportation Research Part F:Traffic Psychology and Behaviour,2016,37:138-143.

[77] Lai W T. The Effects of Eco-driving Motivation, Knowledge and Reward Intervention on Fuel Efficiency[J].Transportation Research Part D:Transport and Environment,2015,34:155-160.

[78] Schall D L,Wolf M,Mohnen A. Do Effects of Theoretical Training and Rewards for Energy Efficient Behavior Persist over Time and Interact? A Natural Field Experiment on Eco-driving In a Company Fleet[J].Energy Policy,2016,97:291-300.

[79] Ando R,Nishihori Y.A Study On Factors Affecting the Effective Eco-driving[J]. Procedia-Social and Behavioral Sciences,2012,54:27-36.

[80] De Filippis G,Lenzo B,Sorniotti A,et al. On the Energy Efficiency of Electric Vehicles with Multiple Motors[C].IEEE Vehicle Power and Propulsion Conference (VPPC),2016.

[81] Chen J C, Zhang Y K, Teng S Y, Chen Y Y, Zhang H, Wang F Y. ACP-Based Energy-Efficient Schemes for Sustainable Intelligent Transportation Systems[J].IEEE Transactions on Intelligent Vehicles, 2023, 8(5): 3224-3227.

[82] Neshli M M, Cedera, Ghavamiradf, et al. Environmental Impacts of Public Transport Systems Using Real-time Control Method[J]. Transportation Research Part D: Transport & Environment, 2017, 51(3): 216-226.

[83] Bektas T, Laporte G. The Pollution-routing Problem[J]. Transportation Research Part B: Methodological, 2011, 45(8): 1232-1250.

[84] Demir E, Bektas T, Laporte G. An Adaptive Large Neighborhood Search Heuristic for the Pollution-routing Problem[J]. European Journal of Operational Research, 2012, 223(2): 346-359.

[85] Demir E, Bektas T, Laporte G. The Bi-objective Pollution-routing Problem[J]. European Journal of Operational Research, 2014, 232(3): 464-478.

[86] Bravo M, Rojas L P, Parada V. An Evolutionary Algorithm for the Multi-objective Pick-up and Delivery Pollution Routing Problem[J]. International Transactions in Operational Research, 2019, 26(1): 302-317.

[87] Qiu R, Xu J, Ker, et al. Carbon Pricing Initiatives Based Bi-Level Pollution Routing Problem[J]. European Journal of Operational Research, 2020, 286(1): 203-217.

[88] Franceschetti A, Honhon D, Woensel T V, et al. The Time-dependent Pollution-routing Problem[J]. Transportation Research Part B: Methodological, 2013, 56(56): 265-293.

[89] Gmiram, Gendreau M, Lodi A, et al. Tabu Search for the Time-dependent Vehicle Routing Problem with Time Windows on a Road Network[J]. European Journal of Operational Research, 2021, 288(1): 129-140.

[90] Sadeghi D.,Naghshbandy,A.H., Bahramara,S. Optimal Sizing of Hybrid Renewable Energy Systems in Presence of Electric Vehicles Using Multi-objective Particle Swarm Optimization[J]. Energy,2020:118471.

[91] Hu L, Dong J. An Artificial-Neural-Network-Based Model for Real-time Dispatching of Electric Autonomous Taxis[J]. IEEE Transactions on Intelligent Transportation Systems, 2022, 23(2): 1519-1528.

[92] Dabbaghjamanesh M, Moeini A, Kavousi-fard A. Reinforcement Learning-based Load Forecasting of Electric Vehicle Charging Station Using Q-learning Technique[J].IEEE Transactions on Industrial Informatics, 2021, 17(6):4229-4237.

[93] Yang W,Xiang Y,Liu J Y,et al. Agent-based Modeling for Scale Evolution of Plug-in Electric Vehicles and Charging Demand[J].IEEE Transactions on Power Systems,2018,33(2): 1915-1925.

[94] Ho S H, Wong Y D, Chang V W C. What Can Eco-driving Do for Sustainable Road Transport? Perspectives from a City (Singapore) Eco-driving Programme[J]. Sustainable Cities and Society, 2015, 14(1): 82-88.

[95] Doucette R T, McCulloch M D. Modeling the CO_2 Emissions from Battery Electric Vehicles Given the Power Generation Mixes of Different Countries[J]. Energy Policy, 2011, 39: 803-811.

[96] Sun W, Chen Y, Wang J N, et al. Research on TVD Control of Cornering Energy Consumption for Distributed Drive Electric Vehicles Based on PMP[J]. Energies, 2022, 15(7): 2641.

[97] Li N, Liu Y S, Zhang J Z, et al. Research on Energy Consumption Evaluation of Electric Vehicles for Thermal Comfort[J]. Environmental Science and Pollution Research, 2022(09):234-236.